FICHES BREVET

Réforme du collège
NOUVEAU BREVET

Sciences 3e

PHYSIQUE-CHIMIE • SVT • TECHNO

Sandrine Aussourd
Pascal Bihouée
Marie-Anne Grinand
Nicolas Nicaise

Hatier

Cochez la case quand vous avez révisé ☑ la fiche ou la partie

SOMMAIRE

CHECK LIST

SCIENCES DE LA VIE ET DE LA TERRE

TECHNOLOGIE

DÉPLIANT ET RABATS

- Schémas bilans de SVT
- Aide-mémoire de physique-chimie

Conception maquette : **Favre & Lhaïk** • *Mise en pages :* **STDI** • *Schémas :* **STDI, Vincent Landrin** • *Iconographie :* **Hatier illustration** • *Édition :* **Julie Drappier**

Table des illustrations
52 g : ph © Brigitte Gaillard-Martinie/Plateau Technique de Microscopie - Centre INRA • 52 d et dépliant : ph © BODET Christian/INRA • 56 g : ph © Muriel Hazan • 56 d : ph © F. Dillonto/MAP • 61 : © CNRI/SPL/Cosmos • 72 : ph © Hank Morgan/Science Source/Biosphoto

ISBN : 978-2-401-02907-1

Découvrir l'épreuve et s'y préparer 1

1 Comment s'organise la première épreuve écrite du brevet ?

La première épreuve écrite du brevet concerne les mathématiques, la physique-chimie, les SVT et la technologie. Elle se décompose en deux parties.

A Les modalités de l'épreuve

▶ L'épreuve dure **3 heures** :
– 2 heures pour la première partie ;
– 1 heure pour la seconde partie.
Les deux parties de l'épreuve sont séparées par une pause de 15 minutes.

▶ L'ensemble de la première épreuve est noté sur 100 points, soit **50 points** pour chacune des deux parties. Dans chaque partie de l'épreuve, 5 points sont réservés à la présentation de la copie et à la maîtrise de la langue française.

▶ L'**évaluation** prend en compte la clarté et la précision des raisonnements ainsi que, plus largement, la qualité de la rédaction scientifique. Si vous ne terminez pas un exercice, les démarches engagées, même non abouties, seront prises en compte dans la notation.

B La première partie

▶ La première partie porte sur le programme de **mathématiques.**

> À NOTER ! **L'épreuve comporte au moins un exercice d'algorithmique ou de programmation, dans la première ou la seconde partie.**

▶ Le sujet est constitué de **6 à 8 exercices**, que vous pouvez traiter indépendamment les uns des autres, dans l'ordre qui vous convient. Certains exercices peuvent prendre la forme de questionnaires à choix multiples (QCM) ; dans les autres exercices, vous répondez à des questions ouvertes. Certains énoncés prennent appui sur des situations issues de la vie courante ou d'autres disciplines.

C La seconde partie

▶ La seconde partie de l'épreuve porte sur deux des trois disciplines suivantes : **physique-chimie, SVT et technologie** ; donc physique-chimie et SVT, ou physique-chimie et technologie, ou technologie et SVT.

▶ Le sujet se compose, pour chaque discipline, d'**un ou de plusieurs exercices** d'une durée totale de 30 minutes. L'ensemble des exercices sont le plus souvent reliés par une thématique commune.

2 Comment se préparer à l'examen du brevet ?

Les épreuves finales du brevet constituent votre premier examen. Cela peut générer du stress. Mais, si vous êtes en bonne forme et que vous avez travaillé régulièrement tout au long de l'année, vous n'avez aucune raison de vous inquiéter.

A La préparation physique

▶ Il est en particulier recommandé de **dormir correctement** dans les deux derniers mois avant l'examen. Le manque de sommeil risque en effet de réduire vos performances intellectuelles.

▶ Pour mieux gérer votre stress, continuez de **faire du sport**, sans excès, dans les jours qui précèdent l'examen.

B La préparation intellectuelle

▶ Cette préparation s'effectue **tout au long de l'année.**

▶ En premier lieu, soyez **attentif en cours.**

▶ **Apprenez vos leçons** au fur et à mesure ; n'attendez pas le contrôle. Donnez du sens à ce que vous apprenez : n'hésitez pas à expliquer, par oral ou par écrit, le contenu de la leçon à un proche ou un camarade de classe.

▶ Faites une **fiche de révision** par chapitre : notez-y les définitions et les propriétés à connaître, illustrées par des exemples rédigés. À l'approche de l'épreuve, ce travail préalable vous sera fort utile pour réviser vite et bien !

> ATTENTION ! Réviser n'est pas seulement relire. Il faut reformuler ce que vous révisez mentalement puis, si possible, par écrit, sur une feuille blanche.

Réussir les exercices de physique-chimie, SVT et technologie

2

1 *Quels sont les documents proposés dans les exercices ?*

▶ En **physique-chimie**, les documents (textes, schémas, tableaux, graphiques…) rendent compte d'un phénomène (ex. : la distance de freinage d'un véhicule). Parfois, il s'agit simplement de données ou d'une formule.

▶ En **SVT**, les documents sont en rapport avec un des thèmes du programme du cycle 4. Si vous avez bien appris votre cours, vous comprendrez ces documents plus vite.

▶ En **technologie**, il peut s'agir de textes expliquant le principe de fonctionnement d'un système technique ou d'une représentation du système (schéma, dessin en 3D, coupe…).

2 *Quels sont les types de questions posées ?*

A Les questions ciblées

> **À NOTER !** En physique-chimie, si un document donne une formule que vous n'avez pas étudiée en classe, il suffit de l'appliquer telle quelle.

▶ En **physique-chimie**, certaines questions font uniquement appel à vos connaissances, parfois sous forme d'un QCM. D'autres questions vous conduisent à prélever des informations dans les documents proposés. On peut également vous demander de calculer (une vitesse, une énergie, une masse volumique…) ou de tracer une courbe.

▶ En **SVT**, vous devez vous appuyer sur les documents pour y trouver les informations qui serviront à étayer votre réponse.

▶ En **technologie**, ce sont avant tout des questions de compréhension. Pour y répondre, vous devez montrer que vous avez compris le fonctionnement et l'utilité du système technique étudié.

B Les questions de synthèse

▶ En **physique-chimie**, certaines questions demandent une démonstration : vous devrez confirmer ou infirmer un fait à l'aide des documents et de vos connaissances.

▶ En **SVT**, on peut vous demander de synthétiser les données de plusieurs documents et de faire un bilan (par exemple, sur les aspects positifs et négatifs d'une technique).

C Le schéma ou le diagramme à compléter en technologie

▶ Il peut s'agir de compléter la chaîne d'énergie ou la chaîne d'information du système technique étudié.

▶ L'éventuel **exercice de programmation** peut prendre la forme d'un algorithme ou d'un extrait de programme Scratch à compléter.

3 *Comment répondre aux questions ?*

A Analyser les documents et les questions

▶ Commencez par **lire tous les documents** très attentivement. Soulignez les mots importants, les valeurs et les unités. Vous pouvez noter les idées principales au brouillon. Identifiez bien les intitulés des lignes et colonnes d'un tableau, les grandeurs représentées sur les axes d'un graphique.

▶ Prenez le temps de bien **comprendre les questions** : que vous demande-t-on précisément ? Quelles informations devez-vous chercher ? Dans quel(s) document(s) peut-on les trouver ?

B Rédiger vos réponses

▶ La réponse aux questions ciblées est souvent **courte**. Cependant, faites bien attention à ne rien oublier !

▶ Pour un **calcul** en physique-chimie, écrivez d'abord la formule littérale, puis effectuez l'application numérique. Précisez bien l'unité de chaque grandeur.

▶ Pour répondre aux questions de synthèse, il faut **raisonner** à partir de vos connaissances et des documents. Veillez à décomposer ce raisonnement en étapes et à bien choisir vos arguments, en précisant les documents sur lesquels vous vous appuyez. Soyez le plus clair possible dans la rédaction, et faites apparaître les liens logiques dans vos explications.

Connaître la structure de la matière 3

QUIZ p. 13

Toute la matière dans l'Univers est constituée d'atomes invisibles à l'œil nu. Mais que sait-on réellement de sa structure ?

RAPPELS DE COURS

1 L'évolution des modèles atomiques

A Les premiers modèles

▶ Dès l'Antiquité, Démocrite a l'intuition de l'existence des **atomes** (*atomos* signifiant « insécable »). Cette idée, rejetée par Aristote, est finalement reprise en 1805 par John Dalton.

> MOT CLÉ **Un modèle est une représentation simplifiée de la réalité d'un phénomène.**

▶ En 1897, Joseph John Thomson prouve expérimentalement l'existence des **électrons** (particules de charge négative).

B Le modèle atomique de Rutherford

▶ En 1911, Ernest Rutherford déduit d'une expérience qu'une charge positive occupe un tout petit volume au centre de l'atome qu'il appelle « **noyau** ». Depuis, d'autres modèles plus complexes ont été développés (modèle de Bohr, etc.).

▶ Dans le modèle atomique de Rutherford, un atome est constitué d'un noyau chargé positivement autour duquel gravitent un ou plusieurs électrons chargés négativement. La **charge électrique élémentaire** négative est notée – e.

Atome de Rutherford (1911)

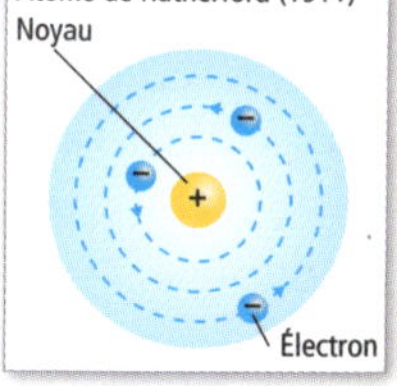

▶ Un atome est **électriquement neutre**. Presque toute la masse de l'atome se trouve dans le noyau.

2 La classification périodique

▶ Un atome est représenté par son symbole atomique (ex. : Na pour le sodium) et caractérisé par un **numéro atomique**, noté Z (nombre de charges positives dans son noyau ; ex. : Z = 11 pour le sodium).

▶ Depuis les travaux de Dmitri Mendeleïev en 1869, les chimistes classent les atomes par « familles » en fonction de leur numéro atomique dans un tableau appelé **classification périodique**.

3 *Ions et solutions ioniques*

▶ Un **ion** est un atome (ou un groupement d'atomes) qui a perdu ou gagné un ou plusieurs électrons.

▶ Il existe donc des ions positifs (**cations**) et des ions négatifs (**anions**). Par exemple, le cation Na^+ a perdu un électron et l'ion est donc globalement positif tandis que l'anion $C\ell^-$, lui, a gagné une charge négative.

▶ On appelle **solution ionique** tout liquide qui contient des ions. Elle est notée (formule cation + formule anion) et est toujours électriquement neutre :

– dans le chlorure de sodium ($Na^+ + C\ell^-$), il y a autant d'ions $C\ell^-$ que d'ions Na^+ ;

– dans le chlorure de fer III ($Fe^{3+} + 3\ C\ell^-$), il y a trois fois plus d'ions $C\ell^-$ que d'ions Fe^{3+}.

MÉTHODE

Déterminer la nature du courant électrique

Dans chaque atome d'un métal, certains électrons sont éloignés du noyau, donc peu liés à celui-ci : ce sont des électrons libres. Le courant électrique est un déplacement d'ensemble de ces particules chargées négativement.

Lorsque le circuit électrique est fermé, le générateur donne un mouvement d'ensemble aux électrons libres : ils se déplacent tous dans le même sens, c'est-à-dire de la borne – vers la borne + du générateur. Ce mouvement est à l'origine du courant électrique.

N'y a-t-il pas quelque chose de troublant par rapport au sens conventionnel du courant ?

SOLUTION

Dans un circuit fermé, les électrons libres négatifs sont attirés par la borne +. Ils se déplacent donc de la borne – vers la borne +. Or, avant que Joseph John Thomson ne prouve expérimentalement l'existence des électrons (en 1897), le sens du courant avait été fixé dans l'autre sens. Pour cette raison, on précise toujours « par convention » quand on définit le sens du courant.

Identifier des ions à partir de tests caractéristiques

4

? QUIZ p. 13

Vous connaissez déjà une série de tests permettant d'identifier certaines espèces chimiques (CO_2, H_2O, O_2, H_2). Comment identifier la présence d'ions dans des solutions ?

RAPPELS DE COURS

1 Identification par la couleur de la solution

Certains ions donnent une couleur caractéristique à la solution qui les contient. Mais cela n'exclut pas d'avoir recours à des tests pour valider leur présence.

Nom de l'ion	Formule de l'ion	Couleur de la solution
ion fer II	Fe^{2+}	vert pâle
ion fer III	Fe^{3+}	rouille
ion cuivre II	Cu^{2+}	bleu

2 Identification par la méthode de précipitation

Pour identifier les ions présents dans des solutions, on utilise des réactifs qui provoquent l'apparition d'un précipité coloré caractéristique.

MOT CLÉ Un précipité est un produit peu soluble formé par réaction, qui se dépose généralement au fond du tube à essai.

Ion à caractériser	Aspect initial	Réactif	Précipité
ion sulfate SO_4^{2-}	incolore	chlorure de baryum	blanc
ion chlorure $C\ell^-$	incolore	nitrate d'argent	blanc (le précipité noircit à la lumière)
ion fer II Fe^{2+}	vert pâle	soude*	vert foncé
ion fer III Fe^{3+}	rouille	soude*	rouille
ion cuivre II Cu^{2+}	bleu	soude*	bleu
ion zinc Zn^{2+}	incolore	soude*	blanc
ion aluminium $A\ell^{3+}$	incolore	soude*	blanc

* On appelle communément « soude » l'hydroxyde de sodium.

3 *Identification par mesure du pH*

Pour tester la présence d'ions hydroxyde HO^- ou d'ions hydrogène H^+ dans une solution, on mesure le pH de la solution (avec un papier indicateur pH ou un pH-mètre) :
– si **pH > 7**, il y a prédominance d'ions HO^- dans la solution ;
– si **pH < 7**, il y a prédominance d'ions H^+ dans la solution.

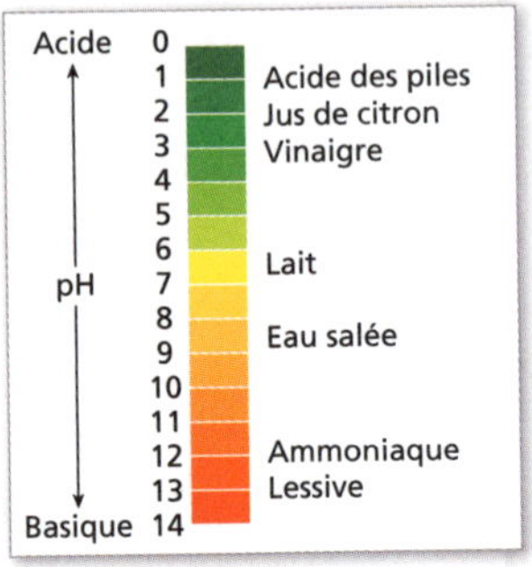

MÉTHODE

Vérifier la composition d'une solution ionique

On dispose de cinq flacons contenant des solutions étiquetées : sulfate de cuivre ; chlorure de cuivre ; sulfate de zinc ; sulfate d'aluminium ; chlorure de zinc.

On souhaite vérifier la composition de chacune de ces solutions en les faisant réagir avec les trois réactifs suivant : hydroxyde de sodium ; nitrate d'argent ; chlorure de baryum.

Dans un tableau, indiquez les résultats prévisibles (couleur des précipités).

CONSEILS

On identifie les ions en solution par la méthode de précipitation. Attention, dans chaque solution, il y a deux types d'ions.

SOLUTION

	Hydroxyde de sodium	Nitrate d'argent	Chlorure de baryum
Sulfate de cuivre	bleu		blanc
Chlorure de cuivre	bleu	blanc	
Sulfate de zinc	blanc		blanc
Sulfate d'aluminium	blanc		blanc
Chlorure de zinc	blanc	blanc	

Quiz express

Vérifiez que vous avez bien retenu les points clés des ***fiches 3 et 4***

5

Organisation et transformations de la matière (1)

1 La structure de la matière

	Vrai	Faux
1. Le noyau de l'atome représente plus de 99 % de la masse de l'atome.	☐	☐
2. Le noyau de l'atome et les électrons sont tous chargés négativement.	☐	☐
3. Il existe des ions négatifs et des ions positifs.	☐	☐

2 L'ion chlorure et l'ion sodium

Complétez le texte suivant.

• L'atome de chlore possède 17 électrons qui gravitent autour de son noyau composé de .... charges positives.
L'ion chlorure $C\ell^-$ est chargé ....
Il a donc .... un électron : c'est un ....
Son noyau contient .... charges positives.

• L'atome de sodium possède 11 électrons qui gravitent autour de son noyau composé de .... charges positives.
L'ion sodium Na^+ est chargé ....
Il a donc .... un électron : c'est un ....
Son noyau contient .... charges positives.

3 Tests d'identification

Associez le test approprié à chaque ion.

1. hydroxyde de sodium •   • a. H^+
2. nitrate d'argent •   • b. ions métalliques
3. mesure du pH •   • c. $C\ell^-$

4 Ions métalliques

Indiquez la couleur du précipité pour chaque test d'identification des ions métalliques avec la soude.

Cu^{2+}	Fe^{2+}	Fe^{3+}	Zn^{2+}	$A\ell^{3+}$
....	....	....	....	....

Corrigés

Score : ... / 21

1 La structure de la matière

Fiche 3

1. Vrai.
Presque toute la masse de l'atome se trouve dans le noyau.

2. Faux.
Un atome est constitué d'un noyau chargé positivement autour duquel gravitent un ou plusieurs électrons chargés négativement. La charge électrique élémentaire négative est notée – e.

3. Vrai.
Les ions positifs sont appelés cations, et les négatifs anions.

2 L'ion chlorure et l'ion sodium

Fiche 3

• L'atome de chlore possède 17 électrons qui gravitent autour de son noyau composé de 17 charges positives.
L'ion chlorure $C\ell^-$ est chargé négativement.
Il a donc gagné un électron : c'est un anion.
Son noyau contient 17 charges positives.
• L'atome de sodium possède 11 électrons qui gravitent autour de son noyau composé de 11 charges positives.
L'ion sodium Na^+ est chargé positivement.
Il a donc perdu un électron : c'est un cation.
Son noyau contient 11 charges positives.

3 Tests d'identification

Fiche 4

1. Réponse b.

2. Réponse c.
Lorsqu'on fait réagir une solution contenant des ions chlorure $C\ell^-$ avec du nitrate d'argent, on obtient un précipité blanc qui noircit à la lumière.

3. Réponse a.
Si le pH est inférieur à 7, il y a plus d'ions H^+ que d'ions OH^- dans la solution.

4 Ions métalliques

Fiche 4

Cu^{2+}	Fe^{2+}	Fe^{3+}	Zn^{2+}	Al^{3+}
bleu	vert	rouille	blanc	blanc

6 Mettre en œuvre des réactions acides-métaux et acides-bases

QUIZ p. 21

Les espèces acides et basiques occupent une place essentielle dans le monde vivant et sont également fabriquées en grandes quantités par l'industrie (produits ménagers, etc.).

RAPPELS DE COURS

Un **acide** est une molécule ou un ion qui en solution donne des ions H^+.
Une **base** est une molécule ou un ion qui en solution capte des ions H^+.

1 L'attaque d'un métal par un acide

A Expérience

▶ Dans un tube à essai, on dépose de la poudre de fer, puis on ajoute de l'acide chlorhydrique ($H^+ + Cl^-$).

▶ On observe un dégagement de **chaleur** et de **gaz**.

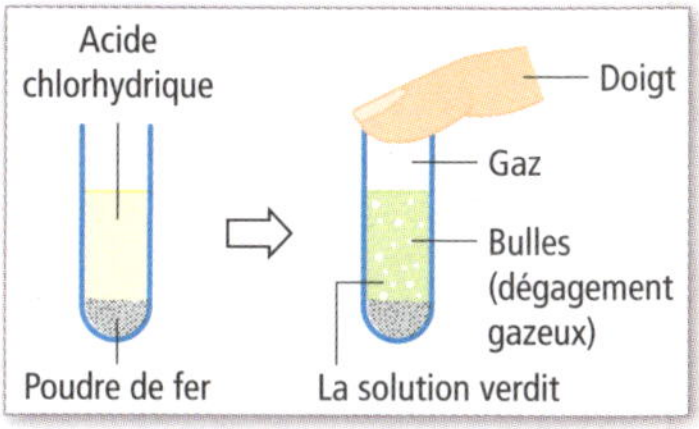

▶ À la fin de l'expérience, il y a moins de fer dans le tube à essai. Il y a eu une **réaction chimique** car un produit est apparu (le gaz) et un réactif a disparu (le fer). On réalise les tests suivants.

Test	Observation	Conclusion
flamme	détonation	formation de dihydrogène H_2
mesure du pH	augmentation	disparition d'ions H^+
nitrate d'argent	précipité blanc	présence d'ions chlorure $C\ell^-$
soude	précipité vert	présence d'ions fer II Fe^{2+}

B Bilan de la réaction

▶ Du fer et des ions H^+ ont disparu. Des ions Fe^{2+} et du dihydrogène H_2 sont apparus. Les ions chlorure $C\ell^-$ toujours présents n'ont donc pas participé à la réaction.

▶ La réaction entre le fer et l'acide chlorhydrique a pour **bilan** :

fer + acide chlorhydrique → chlorure de fer II + dihydrogène

$$Fe + 2\,H^+ \rightarrow Fe^{2+} + H_2$$

2 Acide fort/faible ou base forte/faible ?

▶ Les acides forts et les bases fortes sont des acides et des bases pour lesquels la réaction avec l'eau est **totale**. L'équation-bilan s'écrit avec une flèche à sens unique (→).

EXEMPLE L'acide chlorhydrique est un acide fort :

$$HC\ell + H_2O \rightarrow H_3O^+ + C\ell^-$$

▶ Les acides faibles et les bases faibles sont des acides et des bases pour lesquels la réaction avec l'eau n'est pas totale. Les réactions sont dites **équilibrées** (⇄).

EXEMPLE L'acide acétique CH_3COOH est un acide faible :

$$CH_3COOH + H_2O \rightleftarrows H_3O^+ + CH_3COO^-$$

3 La réaction entre un acide et une base

La réaction entre l'acide chlorhydrique $HC\ell$ (acide fort) et l'hydroxyde de sodium NaOH (base forte) a pour bilan :

$$HC\ell + NaOH \rightarrow H_2O + NaC\ell$$

C'est une réaction rapide, **totale** et exothermique (chaleur).

MÉTHODE

Identifier les produits d'une réaction

Dans un tube à essai, on met une spatule de fer en poudre et on y ajoute 5 cm^3 d'acide chlorhydrique. On maintient le tube fermé par un bouchon. Des bulles de gaz apparaissent dans le tube.

a. Lorsqu'il s'est formé suffisamment de gaz, on débouche le tube en y approchant une allumette enflammée. Décrivez ce qui se passe et précisez le gaz ainsi mis en évidence.

b. Pour identifier les autres espèces chimiques, on partage le contenu du tube en deux tubes A et B. Dans le tube A, on verse quelques gouttes de nitrate d'argent. Dans le tube B, on ajoute quelques gouttes de soude. Décrivez ce qui se passe.

SOLUTION

a. Une détonation se produit, ce qui permet d'identifier le gaz : il s'agit du dihydrogène H_2.

b. Dans le tube A, quelques gouttes de nitrate d'argent vont provoquer l'apparition d'un précipité blanc, révélateur de la présence d'ions $C\ell^-$. Dans le tube B, un précipité vert se forme lorsqu'on ajoute quelques gouttes de soude, ce qui confirme la présence d'ions métalliques Fe^{2+}.

Vérifier les règles de conservation lors d'une transformation chimique

7

? QUIZ p. 21

Les transformations chimiques permettent d'expliquer beaucoup de phénomènes quotidiens : combustion, attaque d'un métal par un acide... Quelles sont les règles pour écrire l'équation-bilan d'une transformation ?

RAPPELS DE COURS

1 Propriété des transformations chimiques

▶ En 1776, **Lavoisier** énonce la loi suivante : « Lors d'une transformation chimique, rien ne se perd, rien ne se crée, tout se transforme. »

▶ Une **équation-bilan** modélise toute transformation chimique en traduisant des règles de conservation.

EXEMPLE La combustion du méthane a pour bilan :

méthane + dioxygène → dioxyde de carbone + eau

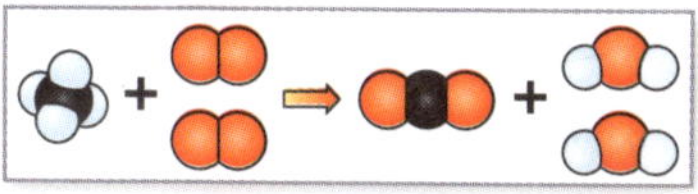

$$CH_4 + 2\ O_2 \rightarrow CO_2 + 2\ H_2O$$

Les nombres ici en rouge sont appelés **coefficients stœchiométriques.**

2 Équation-bilan équilibrée

A Règles de conservation

Pour **équilibrer** l'équation-bilan d'une réaction, il faut tenir compte des règles suivantes.

> **MOT CLÉ** Équilibrer une équation-bilan, c'est ajuster les quantités des espèces chimiques de la réaction.

▶ La conservation de la **nature** et du **nombre des éléments** : tous les éléments (atomes, ions) présents dans les réactifs doivent être présents (en genre et en nombre) dans les produits. Cela traduit la règle de conservation de la masse. Dans l'exemple précédent, côté réactifs et côté produits, il y a 1 C, 4 H et 4 O.

▶ La conservation de la **charge électrique globale** lorsque des charges sont présentes.

B Comment équilibrer une équation-bilan ?

▶ On établit le bilan de la transformation chimique.

EXEMPLE aluminium + acide chlorhydrique
→ dihydrogène + chlorure d'aluminium

▶ On établit la correspondance mot/symbole ou formule.

$$A\ell + (H^+ + C\ell^-) \rightarrow H_2 + (A\ell^{3+} + C\ell^-)$$

▶ On respecte la conservation des éléments. Les ions $C\ell^-$ sont inertes car présents en début et en fin de réaction.

$$A\ell + 2\,H^+ \rightarrow H_2 + A\ell^{3+}$$

Les éléments sont conservés, mais il subsiste un déséquilibre de charges.

▶ On respecte la conservation de la charge globale : même nombre de charges côté réactifs et côté produits, sans modifier l'équilibre entre les éléments. On obtient ainsi l'**équation équilibrée.**

$$2\,A\ell + 6\,H^+ \rightarrow 3\,H_2 + 2\,A\ell^{3+}$$

MÉTHODE

Établir l'équation-bilan d'une transformation chimique

L'acide sulfurique $(2\,H^+ + SO_4^{2-})$ réagit avec le zinc (Zn).
Un dégagement de dihydrogène est observé. En fin de réaction, on détecte également la présence d'ions sulfate et d'ions zinc II.
Écrivez et équilibrez la réaction chimique de l'attaque du zinc par l'acide sulfurique.

CONSEILS

1. Identifiez les réactifs et les produits de la réaction.
2. Respectez les règles de conservation : éléments, puis charges.

SOLUTION

1. Les réactifs sont le zinc et l'acide sulfurique.
Les produits sont le dihydrogène et le sulfate de zinc.

2. La réaction chimique se traduit donc par :

$$Zn + (2\,H^+ + SO_4^{2-}) \rightarrow H_2 + (Zn^{2+} + SO_4^{2-})$$

On observe que les ions sulfate sont inertes car présents au début et à la fin de la réaction, donc :

$$Zn + 2\,H^+ \rightarrow H_2 + Zn^{2+}$$

Il y a bien conservation à la fois des éléments et des charges : l'équation-bilan est donc équilibrée.

Convertir l'énergie chimique en énergie électrique

8

? QUIZ p. 21

D'où vient l'énergie des piles que l'on utilise tous les jours ? Pourquoi ont-elles une durée d'utilisation limitée ?

RAPPELS DE COURS

1 L'origine de l'énergie des piles

A Un réservoir d'énergie chimique

▶ Une pile est un réservoir d'**énergie chimique.** Lorsque la pile fonctionne, une partie de cette énergie est transformée sous forme d'**énergie électrique** et de chaleur.

▶ L'énergie électrique libérée par une pile provient d'une **réaction chimique** entre les matières qui constituent la pile. La consommation des réactifs entraîne l'usure de la pile.

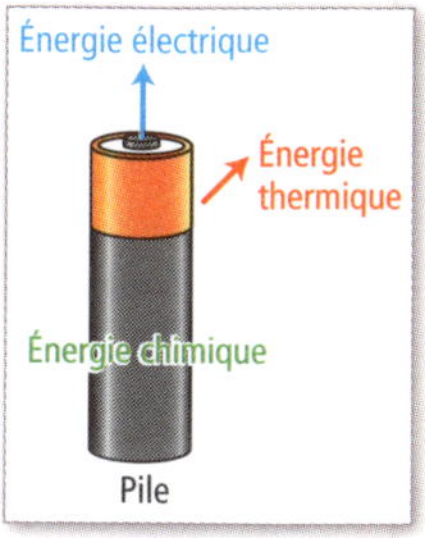

B Une réaction avec échange d'électrons

▶ Dans un bécher contenant une solution bleue de sulfate de cuivre, on ajoute de la poudre de zinc.

▶ La solution se décolore (des ions Cu^{2+} disparaissent), un dépôt rouge se forme sur le zinc (apparition de cuivre) et la température de la solution passe de 21 °C à 35 °C. De plus, un test avec la soude permet d'identifier la formation d'ions Zn^{2+}.

▶ Le bilan de la réaction est :

$$Cu^{2+} + Zn \rightarrow Zn^{2+} + Cu$$

Il y a donc eu un **échange d'électrons** entre les réactifs.

2 Pile électrochimique et électrolyse

A La pile électrochimique

▶ Une pile électrochimique est constituée de deux **électrodes** de natures différentes, généralement métalliques, plongées dans une **solution conductrice.**

▶ Elle permet de **transformer de l'énergie** chimique en énergie électrique.

EXEMPLE Ci-contre, l'électrode de cuivre constitue la borne + de la pile et l'électrode de zinc constitue la borne –. Du zinc disparaît et des ions Zn^{2+} apparaissent. Des ions Cu^{2+} disparaissent et du cuivre se dépose sur l'électrode de zinc.

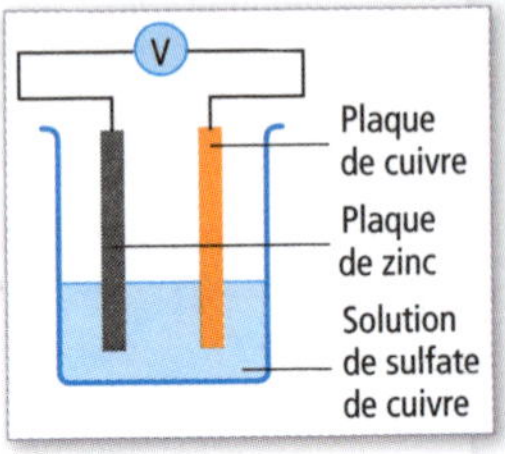

B L'électrolyse

▶ L'électrolyse est la dissociation chimique d'une substance par le passage d'un courant électrique. À l'inverse d'une pile électrochimique, elle permet de **transformer de l'énergie** électrique en énergie chimique.

▶ Elle s'effectue en plongeant deux **électrodes** reliées à un générateur de courant électrique dans un **électrolyte** (une substance conductrice contenant des ions).

MÉTHODE

Observer une réaction avec échange d'électrons

On introduit de la poudre de fer dans un tube à essai contenant une solution de sulfate de cuivre à la température de 19 °C. Après avoir mélangé et laissé décanter, une couleur rouge apparaît sur la poudre de fer tandis que la solution devient verdâtre. La température du mélange atteint alors 47 °C.

a. Quelles observations suggèrent qu'il y a eu transformation chimique dans le tube à essai ?

b. Quels sont les réactifs de cette transformation ?

c. Quelles observations suggèrent que les produits de la transformation chimique sont le cuivre et les ions Fe^{2+} ?

SOLUTION

a. Il y a eu transformation chimique pour plusieurs raisons : la solution et la poudre changent de couleur et il y a une augmentation de la température (réaction exothermique).

b. Les réactifs sont le fer (Fe) et les ions cuivre II (Cu^{2+}).

c. Le dépôt rouge sur la poudre correspond à la formation de cuivre (Cu). La couleur verdâtre de la solution indique la présence d'ions Fe^{2+} (quelques gouttes de soude confirmeraient cette hypothèse).
Le bilan de la réaction est : $Cu^{2+} + Fe \rightarrow Fe^{2+} + Cu$.

Quiz express

Vérifiez que vous avez bien retenu les points clés des fiches 6 à 8

9

Organisation et transformations de la matière (2)

1 Acide fort/faible ou base forte/faible ?

1. L'acide chlorhydrique :

☐ a. est un acide fort. ☐ b. a pour formule CH_3COOH.

2. L'hydroxyde de sodium :

☐ a. est une base faible. ☐ b. a pour formule NaOH.

3. L'acide acétique :

☐ a. est un acide faible. ☐ b. a pour formule HCℓ.

2 Réaction acide chlorhydrique + fer

Associez les observations et les conclusions.

1. détonation (flamme) •	• a. disparition de H^+
2. précipité vert (soude) •	• b. formation de H_2
3. augmentation du pH •	• c. apparition de Fe^{2+}

3 Équations équilibrées ?

Les équations-bilans suivantes sont-elles équilibrées ?

	Oui	Non
1. $C + O_2 \rightarrow CO_2$	☐	☐
2. $2\,C + O_2 \rightarrow 2\,CO$	☐	☐
3. $CO + O_2 \rightarrow 2\,CO_2$	☐	☐
4. $3\,Fe + 2\,O_2 \rightarrow Fe_3O_4$	☐	☐

4 Conversion de l'énergie chimique en énergie électrique

Complétez le texte suivant.

Une pile permet de convertir l'énergie .... en énergie .... Cette énergie .... est contenue dans les atomes, ions ou molécules utilisés comme réactifs dans les piles. Toutes les piles électrochimiques sont le siège d'une .... Comme pour toute réaction chimique, les .... disparaissent et les produits .... La consommation des réactifs est la cause de .... des piles.

Corrigés !

Score : … / 17

1 Acide fort/faible ou base forte/faible ?

Fiche 6

1. Réponse a.
L'acide chlorhydrique est un acide fort qui a pour formule $HC\ell$.

2. Réponse b.
L'hydroxyde de sodium est une base forte qui a pour formule $NaOH$

3. Réponse a.
L'acide acétique est un acide faible qui a pour formule CH_3COOH.

2 Réaction acide chlorhydrique + fer

Fiche 6

1. Réponse b.

2. Réponse c.
Lorsqu'on fait réagir une solution contenant des ions fer II Fe^{2+} avec de l'hydroxyde de sodium (soude), on obtient un précipité vert foncé.

3. Réponse a.

3 Équations équilibrées ?

Fiche 7

1. Oui.

2. Oui.

3. Non.
L'équation-bilan équilibrée s'écrit : $2\ CO + O_2 \rightarrow 2\ CO_2$.

4. Oui.

4 Conversion de l'énergie chimique en énergie électrique

Fiche 8

Une pile permet de convertir l'énergie chimique en énergie électrique. Cette énergie chimique est contenue dans les atomes, ions ou molécules utilisés comme réactifs dans les piles. Toutes les piles électrochimiques sont le siège d'une transformation. Comme pour toute réaction chimique, les réactifs disparaissent et les produits se forment. La consommation des réactifs est la cause de l'usure des piles.

Décrire l'interaction gravitationnelle

10

? QUIZ p. 29

Les lois qui régissent le mouvement des planètes autour du Soleil sont-elles également applicables aux objets sur Terre ?

RAPPELS DE COURS

1 *L'interaction gravitationnelle*

A Caractéristiques

▶ La gravitation est une **interaction attractive** entre tous les objets massifs (décrite par Isaac Newton, en 1687).

▶ Elle s'exerce **à distance,** et dépend à la fois de la masse des objets et de la distance qui les sépare.

MOTS CLÉS Une interaction est une action réciproque entre deux objets, produisant une modification de leurs états ; une force est la modélisation d'une interaction.

B Expression

L'interaction gravitationnelle entre deux corps ponctuels A et B de masses respectives m_A et m_B, séparés d'une distance d, est modélisée par des **forces** d'attraction gravitationnelle suivant la formule :

$$F_{A/B} = F_{B/A} = G \times \frac{m_A \times m_B}{d^2}$$

avec $F_{A/B}$ la force exercée par A sur B et $F_{B/A}$ la force exercée par B sur A en newtons (N) ; m_A et m_B en kilogrammes (kg) ; d en mètres (m) ; G, constante de gravitation universelle : $G = 6{,}67 \times 10^{-11}\ N \cdot m^2 \cdot kg^{-2}$.

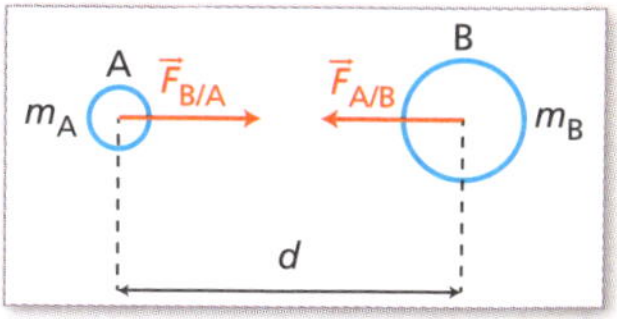

2 *Exemples*

▶ L'interaction gravitationnelle s'exerce sur tous les objets possédant une masse : livre, crayon, personne, etc. Mais ces objets ne se déplacent pas les uns vers les autres comme deux aimants qui s'attirent. L'interaction existe mais elle reste beaucoup plus faible que les **frottements** de l'air qui sépare ces objets.

▶ Pourquoi l'interaction entre la Lune et la Terre ne conduit-elle pas à un rapprochement de ces deux corps ? Cette situation est comparable à celle d'une fronde. La rotation de l'objet génère une **force centrifuge** (vers l'extérieur). La rotation de la Lune produit elle aussi une force centrifuge qui s'oppose à la force gravitationnelle, créant un équilibre entre les deux astres.

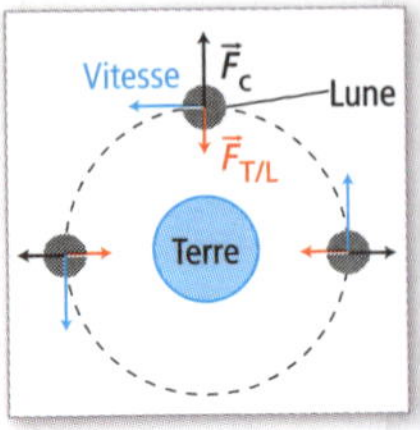

MÉTHODE

Calculer la valeur de la force gravitationnelle

Le satellite naturel Phobos de la planète Mars décrit une trajectoire circulaire dont le centre est confondu avec le centre de Mars.

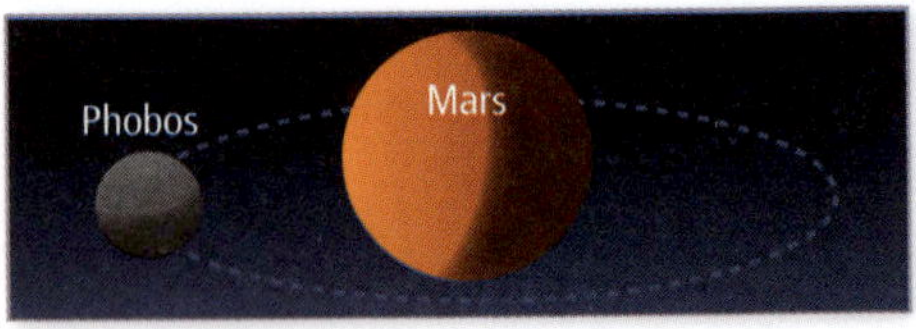

Le rayon de cette trajectoire a pour valeur $R = 9\,378$ km.
Exprimez littéralement puis calculez la valeur de la force exercée par Mars sur le satellite Phobos.

Données :

- masse de la planète Mars : $m_M = 6{,}42 \times 10^{23}$ kg ;
- masse du satellite Phobos : $m_P = 9{,}6 \times 10^{15}$ kg ;
- constante de gravitation universelle : $G = 6{,}67 \times 10^{-11}\ N \cdot m^2 \cdot kg^{-2}$.

CONSEILS

Convertissez toutes les grandeurs dans les bonnes unités.

SOLUTION

La formule de calcul s'écrit : $F_{Mars/Phobos} = G \times \dfrac{m_M \times m_P}{R^2}$.

Application numérique :

$$F_{Mars/Phobos} = 6{,}67 \times 10^{-11} \times \frac{6{,}42 \times 10^{23} \times 9{,}6 \times 10^{15}}{(9\,378 \times 1000)^2}$$

$$F_{Mars/Phobos} = 4{,}7 \times 10^{15}\ N.$$

Rappel : $F_{Mars/Phobos} = F_{Phobos/Mars}$.

Définir la force de pesanteur

11

QUIZ p. 29

Un astronaute est beaucoup moins attiré à la surface de la Lune qu'à la surface de la Terre. Pourtant sa masse n'a pas changé. Comment l'expliquer ?

RAPPELS DE COURS

1 *La force de pesanteur*

▶ À la surface de la Terre, tout corps est soumis à la **pesanteur**, force à distance par laquelle tout objet à proximité de la Terre est attiré vers elle.

▶ Sa direction est **verticale**, son sens est **vers le bas**, son intensité s'exprime en newtons (N) et son point d'application est le centre de gravité du corps.

2 *Masse, poids et pesanteur terrestre*

A La masse d'un corps

La masse correspond à la quantité de matière contenue dans un corps. C'est une grandeur **invariable** du corps, quel que soit l'endroit où il se trouve.

B Le poids d'un corps

Le poids d'un corps s'identifie à l'action de la gravitation. Sur Terre, il correspond à la **force d'attraction gravitationnelle** F exercée par la Terre sur cet objet :

$$F = \mathrm{G} \times \frac{m_\mathrm{T} \times m}{{R_\mathrm{T}}^2}$$

avec $\mathrm{G} = 6{,}67 \times 10^{-11}\ \mathrm{N \cdot m^2 \cdot kg^{-2}}$ (constante gravitationnelle) ;
$m_\mathrm{T} = 5{,}98 \times 10^{24}$ kg (masse de la Terre) ;
$R_\mathrm{T} = 6\,378$ km (rayon de la Terre).

C La pesanteur terrestre

▶ La valeur de F dépend donc uniquement de la masse m, les autres grandeurs étant des constantes que l'on regroupe en une seule grandeur appelée **intensité de la pesanteur terrestre** :

$$g_\mathrm{T} = \mathrm{G} \times \frac{m_\mathrm{T}}{{R_\mathrm{T}}^2} = 6{,}67 \times 10^{-11} \times \frac{5{,}98 \times 10^{24}}{(6\,378 \times 1\,000)^2} = 9{,}81\ \mathrm{N \cdot kg^{-1}}.$$

▶ Le **poids** d'un corps de masse m s'écrit alors :

$$P_T = m \times g_T \,.$$

Sa valeur dépend donc à la fois de sa masse et de l'intensité de pesanteur du lieu de mesure.

MÉTHODE

Calculer la valeur du poids selon la latitude

Voici quelques valeurs de l'intensité de la pesanteur en fonction de la latitude du lieu.

Lieu	Latitude	Valeur de g
Paris	49°	9,81
pôle Nord	90°	9,83
équateur	0°	9,78

a. Comment varie l'intensité de la pesanteur g lorsque la latitude augmente ?
b. La fusée Ariane 5 ES ATV pèse 775 tonnes au décollage. Calculez le poids P de cette fusée aux différents lieux cités.
c. La base de lancement de la fusée Ariane est située à Kourou en Guyane française, à une latitude de 5°. Pourquoi est-il plus facile de lancer la fusée Ariane depuis Kourou plutôt que depuis Paris ?

CONSEILS

c. Comparez la latitude de Kourou et celle de Paris.

SOLUTION

a. On constate que l'intensité de la pesanteur augmente avec la latitude.
b. On sait que $m_{\text{fusée}} = 775$ tonnes $= 775\,000$ kg.
Rappel : $P = m \times g$.

Lieu	Paris	pôle Nord	équateur
Poids	$7{,}602 \times 10^6$ N	$7{,}618 \times 10^6$ N	$7{,}579 \times 10^6$ N

c. Kourou se trouve à une latitude de 5°, donc très proche de l'équateur par rapport à Paris. Il est très intéressant de posséder une base de lancement proche de l'équateur car le poids y est plus faible. Cela permet de faire des économies de carburant et la fusée peut emmener davantage de charges utiles (satellites).

Définir les énergies d'un objet en mouvement

12

? QUIZ p. 29

Lorsque je lance un objet,
je lui transmets de l'énergie qui le met en mouvement.
Comment peut-on décrire ce « transfert » d'énergie ?
Un objet statique possède-t-il de l'énergie ?

RAPPELS DE COURS

1 L'énergie de position

▶ Prenons un objet et lâchons-le à différentes hauteurs. Plus l'objet est lâché de haut et plus sa vitesse augmente. Il possède donc une **énergie de position**, notée E_{p}.

▶ Cette énergie s'explique par la présence d'une force que nous connaissons déjà : la **gravité** exercée par la Terre.

2 L'énergie de mouvement

▶ Lorsque l'objet tombe, il perd de l'énergie de position mais acquiert une nouvelle énergie due à son mouvement : c'est l'**énergie cinétique**, notée E_{c}.

▶ Elle dépend de la masse m de l'objet et de sa vitesse v :

$$E_{\text{c}} = \frac{1}{2}mv^2$$

avec E_{c} en joules (J) ; m en kilogrammes (kg) ; v en mètres par seconde ($\text{m} \cdot \text{s}^{-1}$).

3 L'énergie mécanique et les conversions d'énergie

▶ Au cours de la chute libre d'un objet, son énergie de position diminue et son énergie cinétique augmente :
– il y a **conversion** d'une forme d'énergie en une autre ;
– et **conservation de l'énergie totale** de l'objet tout au long de son mouvement.

▶ On définit ainsi l'**énergie mécanique** d'un objet comme la somme de l'énergie de position et de l'énergie cinétique de l'objet :

$$E_{\text{m}} = E_{\text{c}} + E_{\text{p}}.$$

▶ Lorsqu'il n'y a pas de **frottements** (dus à l'air par exemple), l'énergie mécanique se conserve totalement au cours du mouvement. Dans le cas contraire, l'énergie mécanique perdue est convertie en énergie thermique (chaleur).

MOT CLÉ Le frottement est une force qui s'oppose au mouvement d'un objet.

4 La distance d'arrêt d'un véhicule

▶ La **distance d'arrêt** D_A d'un véhicule correspond à la distance parcourue entre le moment où le conducteur voit le danger et le moment où la voiture s'arrête. Cette distance se décompose en deux parties :

$$D_A = D_R + D_F.$$

▶ D_R est la **distance de réaction**, parcourue par le véhicule entre le moment où le conducteur voit le danger et le moment où il freine.

▶ D_F est la **distance de freinage**, parcourue par le véhicule entre le moment où le conducteur freine et le moment où la voiture s'arrête. Elle est proportionnelle au carré de la vitesse initiale du véhicule.

MÉTHODE

Calculer des énergies cinétiques

Une voiture de gamme moyenne a une masse de 1,23 tonne.

a. Quelle est son énergie cinétique E_1 à $v_1 = 45 \text{ km} \cdot \text{h}^{-1}$?

b. Quelle est son énergie cinétique E_2 à $v_2 = 90 \text{ km} \cdot \text{h}^{-1}$?

c. Que remarque-t-on au niveau des résultats obtenus ?

SOLUTION

a. et **b.** L'énergie cinétique se calcule à partir de l'expression :

$E_c = \frac{1}{2}mv^2$ avec la masse m en kg et la vitesse en $\text{m} \cdot \text{s}^{-1}$.

On convertit dans les bonnes unités : $m = 1{,}23 \text{ t} = 1\,230 \text{ kg}$; $v_1 = 45 \text{ km} \cdot \text{h}^{-1} = 12{,}5 \text{ m} \cdot \text{s}^{-1}$; $v_2 = 90 \text{ km} \cdot \text{h}^{-1} = 25 \text{ m} \cdot \text{s}^{-1}$.

Applications numériques :

$E_1 = \frac{1}{2} \times 1\,230 \times (12{,}5)^2 = 96 \text{ kJ}$ et

$E_2 = \frac{1}{2} \times 1\,230 \times (25)^2 = 384 \text{ kJ}$.

c. On constate que lorsque la vitesse est multipliée par 2, l'énergie cinétique est multipliée par 4. L'impact lors d'un choc serait donc 4 fois plus important.

Quiz express 13

Vérifiez que vous avez bien retenu les points clés des **fiches 10 à 12**

Mouvement et interactions

1 L'interaction gravitationnelle entre les astres

	Vrai	Faux
1. Le Soleil attire la Terre.	☐	☐
2. La Terre attire le Soleil.	☐	☐
3. La Lune n'attire pas la Terre.	☐	☐
4. La Terre n'attire pas la Lune.	☐	☐

2 La gravitation universelle

La gravitation universelle est une interaction qui s'exerce :

- ☐ **a.** uniquement entre des astres.
- ☐ **b.** entre tous les corps présents dans l'Univers.
- ☐ **c.** uniquement entre les corps les plus proches.
- ☐ **d.** uniquement entre les corps les plus massifs.

3 La force de pesanteur

	Vrai	Faux
1. Le poids et la masse sont deux grandeurs proportionnelles.	☐	☐
2. L'intensité de la pesanteur est plus forte sur Terre que sur la Lune.	☐	☐
3. Si ma masse est de 60 kg sur Terre, elle sera plus faible sur la Lune.	☐	☐

4 Les énergies d'un objet en mouvement

	Vrai	Faux
1. Un objet qui ne se déplace pas peut posséder de l'énergie.	☐	☐
2. Un objet en mouvement possède toujours de l'énergie.	☐	☐
3. Au cours de la chute d'un objet, son énergie de position augmente et son énergie cinétique diminue.	☐	☐

Corrigés !

Score : ... / 11

1 L'interaction gravitationnelle entre les astres

Fiche 10

1. Vrai.
Le Soleil et la Terre sont en interaction gravitationnelle.

2. Vrai.

3. Faux.
La Lune attire la Terre.

4. Faux.
La Terre attire la Lune.

2 La gravitation universelle

Fiche 10

Réponse b.
La force gravitationnelle s'exerce entre tous les objets massifs. C'est pourquoi elle est appelée « universelle ».

3 La force de pesanteur

Fiche 11

1. Vrai.
Sur Terre, le coefficient de proportionnalité est l'intensité de la pesanteur terrestre g_T.

2. Vrai.
En effet, la masse de la Terre est supérieure à celle de la Lune.

3. Faux.
La masse d'un corps est une grandeur invariable.

4 Les énergies d'un objet en mouvement

Fiche 12

1. Vrai.
Il peut par exemple posséder de l'énergie de position.

2. Vrai.
L'énergie que possède un corps du fait de son mouvement est l'énergie cinétique.

3. Faux.
Au cours de la chute d'un objet, son énergie de position diminue et son énergie cinétique augmente.

Utiliser des signaux pour transmettre des informations 14

QUIZ p. 39

L'information est au cœur de nos sociétés modernes : Internet, téléphonie... Mais quelles sont les conditions pour une bonne transmission de l'information ?

RAPPELS DE COURS

Les informations que l'on échange sont de différents types : sons, images, vidéos, textes. Pour transmettre une information, il faut un **émetteur** et un **récepteur** d'informations, ainsi qu'une **chaîne de transmission** entre les deux.

1 Émission et transmission

A La transmission d'un signal

▶ Lors de l'émission, le **signal** est porteur des informations à échanger. Il existe différents modes de transmission du signal.

> MOT CLÉ Un signal est une représentation physique de l'information.

Sonore	Lumineuse	Électrique	Hertzienne
parole, musique	vision, fibres optiques	réseaux, câbles téléphoniques	téléphonie sans fil, satellites

▶ Par exemple, pour transmettre un signal sonore à longue distance et à grande vitesse, sans transport de matière mais avec transport d'énergie, on utilise des ondes électromagnétiques (lumineuses ou hertziennes), dites **ondes porteuses.**

▶ Les informations contenues dans l'onde sonore sont transmises à l'onde porteuse : on **module** l'onde porteuse par l'onde sonore.

B Les techniques de modulation d'une onde porteuse

▶ La **modulation d'amplitude** en fonction du signal modulant :

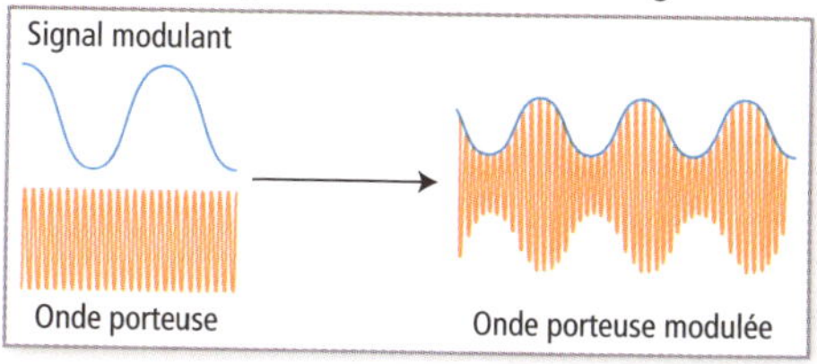

▶ La **modulation de fréquence** en fonction du signal modulant :

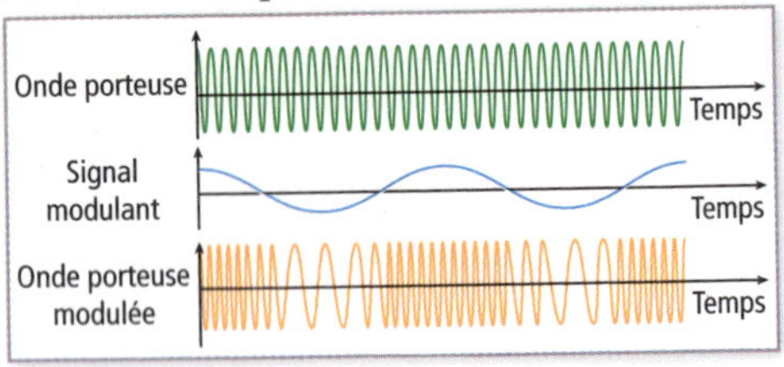

2 Réception et conversion

▶ Des ondes porteuses de **fréquences** différentes permettent de transporter des signaux sans qu'ils interfèrent. On définit ainsi plusieurs canaux de transmission. Le récepteur sélectionne la fréquence de la porteuse et « démodule » l'information. Elle est parfois restituée avec une dégradation liée à la qualité de la chaîne de transmission.

▶ Un signal **analogique** peut être converti en signal **numérique** grâce à un convertisseur. Le signal devient une suite de « 0 » et de « 1 » et peut alors être transmis sans pertes.

> MOT CLÉ **Un signal analogique est un signal qui varie de façon continue dans le temps.**

MÉTHODE

Identifier les maillons d'une chaîne de transmission

a. Décrivez la chaîne de transmission d'une communication entre deux téléphones mobiles.

b. Quelle est la nature des informations qui peuvent être transmises par le réseau de communication ?

c. Le signal associé à la voix est-il analogique ou numérique ?

SOLUTION

a. Dans le cas d'une communication entre deux téléphones mobiles (émetteur et récepteur), la chaîne de transmission est constituée des antennes émettrices et réceptrices des ondes électromagnétiques ainsi que du milieu de propagation de ces ondes : l'air.

b. Le réseau permet de transmettre du texte (SMS), des sons, des images, des vidéos, etc.

c. La voix est un signal analogique. Elle peut ensuite être numérisée grâce à un convertisseur.

Identifier les différentes formes d'énergie

15

? QUIZ p. 39

L'énergie est le moteur de la plupart des phénomènes naturels. Comment classer ses multiples formes ?

RAPPELS DE COURS

1 Les formes d'énergie

▶ Un corps possède de l'**énergie** s'il peut agir sur lui-même ou sur d'autres corps. « Agir » signifie ici une modification de forme, de position, de vitesse, de température, de composition chimique, etc.

▶ L'énergie existe sous une multitude de formes :
– l'énergie **cinétique**, liée au mouvement (énergie éolienne, hydraulique, etc.) ;
– l'énergie **rayonnante**, transportée par les rayonnements (infrarouge, rayons X, etc.) ;
– l'énergie **thermique** (chaleur), due à l'agitation des molécules ;
– l'énergie **chimique**, associée aux liaisons dans les molécules ;
– l'énergie **nucléaire**, stockée dans les noyaux atomiques.
Il existe encore bien d'autres formes : l'énergie potentielle liée à la position des objets, l'énergie électrique, l'énergie sonore, etc.

▶ Les enjeux liés à l'utilisation d'une forme d'énergie deviennent parfois essentiels : changement climatique lié à l'utilisation massive d'énergies **fossiles**, stockage des déchets radioactifs, etc.

MOT CLÉ L'énergie fossile est stockée dans le sous-sol (pétrole, gaz, charbon).

2 Les unités de mesure de l'énergie

▶ Dans le système international, l'énergie se mesure en **joules** (J).

▶ Dans le secteur industriel et économique, on utilise surtout la **tonne d'équivalent pétrole** (tep) : elle représente la quantité d'énergie contenue dans 1 tonne de pétrole brut.

▶ Pour mesurer la consommation d'énergie électrique, on utilise le **kilowattheure** (kWh).

EXEMPLE Un réfrigérateur label A+ consomme 200 kWh par an.

MÉTHODE

Comparer les choix énergétiques de deux pays

Voici la répartition de la production d'électricité en France et en Allemagne en 2012. Que peut-on dire des choix énergétiques faits par ces deux pays ?

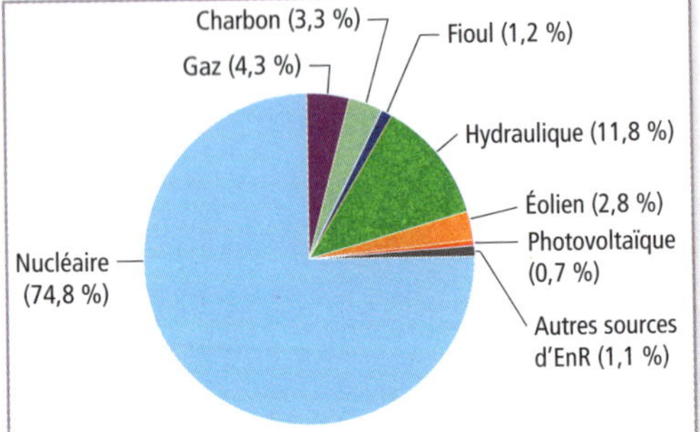

Production française d'électricité en 2012 : 541,4 TWh

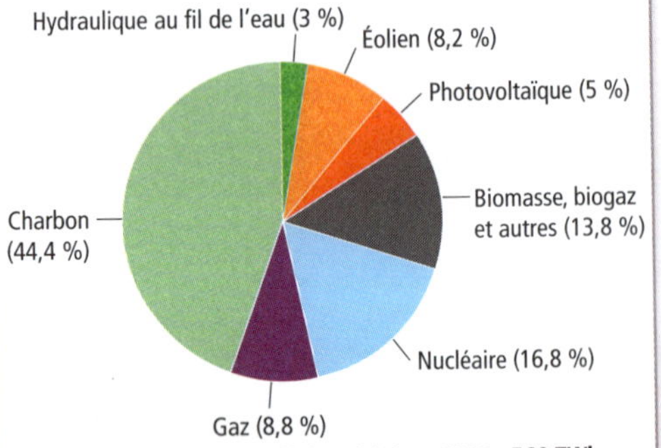

Production allemande d'électricité en 2012 : 560 TWh

SOLUTION

La France a fait le choix des centrales nucléaires (74,8 %) tandis que l'Allemagne a conservé des centrales thermiques à charbon (44,4 %). La France rejette donc moins de gaz à effet de serre que l'Allemagne, mais doit gérer la sécurité de ses installations nucléaires et le traitement des déchets radioactifs.

Du point de vue des énergies renouvelables, l'Allemagne a davantage développé l'éolien (8,2 %) tandis que la France dispose d'un parc hydroélectrique plus conséquent (11,8 %).

Établir le bilan énergétique d'un système

16

QUIZ p. 39

Optimiser le rendement des systèmes de production d'électricité et ainsi réduire les pertes d'énergie liées à leur fonctionnement est un enjeu majeur. Comment calculer le rendement d'un système ?

RAPPELS DE COURS

1 Transfert et conversion d'énergie

▶ Lorsque l'énergie d'un corps est transmise à d'autres corps, on parle de **transfert d'énergie** (ex. : transfert de chaleur).

▶ Lorsque l'énergie d'un corps change de forme, il s'agit d'une **conversion d'énergie** (ex. : lors de la combustion du bois, l'énergie chimique est transformée en chaleur).

▶ D'après le **principe de conservation de l'énergie**, la quantité totale d'énergie d'un système isolé reste constante, même si cette énergie peut changer de forme.

▶ La transformation d'une forme d'énergie en une seule autre forme n'est jamais parfaite : il y a souvent des **déperditions** au cours d'une conversion (ex. : dégagement de chaleur).

2 Le bilan énergétique d'un système

A Le diagramme énergétique

▶ Un **bilan énergétique** résume les énergies mises en jeu lors du fonctionnement d'un système de conversion d'énergie.

▶ On peut le modéliser à l'aide d'un **diagramme énergétique**. Par convention, on représente :
– les systèmes par des ellipses ;
– les réservoirs d'énergie par des rectangles ;
– les transferts d'énergie par des flèches, en précisant leur nature.

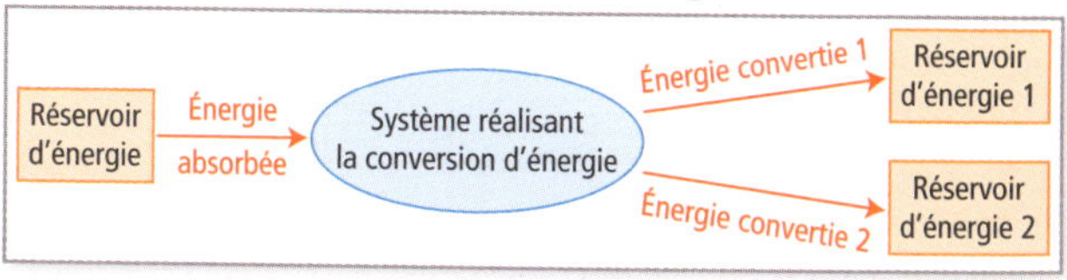

B Le calcul du rendement

▶ Dans tout système de conversion d'énergie, une partie de l'énergie consommée est réellement utilisée : c'est l'**énergie utile**. Une autre partie de l'énergie est dissipée (**pertes**).

▶ Le **rendement** du système, noté η, se définit comme le quotient de l'énergie utile sur l'énergie consommée :

$$\eta = \frac{E_{\text{utile}}}{E_{\text{consommée}}}$$

où η est un nombre sans unité, compris entre 0 et 1 ; il peut aussi s'exprimer en pourcentages.

MÉTHODE

Représenter un diagramme énergétique

Tracez le diagramme énergétique correspondant à un moteur électrique alimenté par un générateur électrique.

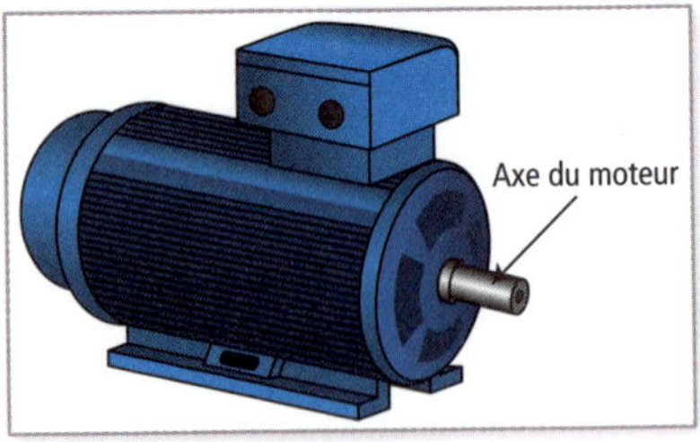

CONSEILS

Aidez-vous du diagramme donné dans les « rappels de cours » : le système de conversion d'énergie est ici le moteur électrique.

SOLUTION

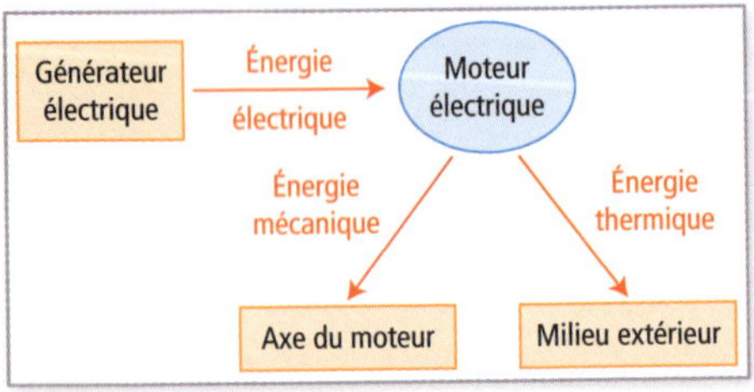

Calculer la consommation d'énergie électrique

17

? QUIZ p. 39

Télévision, ordinateur, box, réfrigérateur, luminaires... quel est le coût d'utilisation des différents appareils électrique de notre quotidien ?

RAPPELS DE COURS

1 La consommation d'énergie électrique

A Le compteur électrique

À la maison, le compteur électrique mesure la **consommation** d'énergie électrique cumulée des différents appareils branchés sur le secteur.

> MOT CLÉ La consommation d'énergie électrique est l'ensemble de l'énergie électrique utilisée par une installation pendant une certaine durée.

B Énergie et puissance

▶ L'énergie électrique ΔE consommée par un appareil dépend à la fois de sa **durée** de fonctionnement Δt et de sa **puissance** électrique P. Elle s'exprime par la relation :

$$\Delta E = P \times \Delta t$$

avec ΔE en joules (J), P en watts (W), Δt en secondes (s) ;
ou ΔE en kilowattheures (kWh), P en kilowatts (kW), Δt en heures (h).

▶ On a : $1 \text{ kWh} = 1\,000 \text{ W} \times 3\,600 \text{ s} = 3{,}6 \times 10^6 \text{ J}$.

2 Le coût de l'électricité consommée

▶ Avant de se connecter au réseau de distribution d'électricité, un particulier doit choisir son type d'abonnement. Cela correspond à la **puissance maximale** que pourra consommer l'ensemble de la maison à un moment donné. Si ce seuil est dépassé, l'installation dispose d'un système de sécurité et disjoncte pour éviter une surchauffe.

▶ À ce forfait, il faut ajouter la somme due pour la **consommation d'énergie électrique réelle**, relevée par le compteur électrique sur une durée donnée. Connaissant le coût du kilowattheure (environ 0,15 €/kWh), on a la relation :

$$\text{prix à payer} = \text{nombre de kWh utilisés} \times \text{prix de 1 kWh}.$$

1 Comparer des consommations d'énergie électrique

Vous venez d'acheter un nouvel aspirateur sur lequel est indiqué « contrôle de puissance variable 350-1 600 W ».
Le tableau suivant donne des précisions sur les deux modes de puissance d'aspiration. Quel est le mode le plus économique ?

Mode	Temps
puissance mini	12 min
puissance maxi	2 min

SOLUTION

On compare l'énergie consommée pour chaque mode.

Puissance	Temps	Énergie consommée
350 W	12 min	$350 \times 12 = 4\,200$ Wmin
1 600 W	2 min	$1\,600 \times 2 = 3\,200$ Wmin

Le mode puissance maxi est donc plus économique.

2 Calculer le coût de l'électricité consommée

Un téléviseur consomme 50 W en fonctionnement normal et 5 W en veille.
Ce téléviseur est utilisé en moyenne 4 heures par jour.
Le coût du kilowattheure est de 0,15 €/kWh.
a. Quels sont la consommation annuelle de l'appareil et son coût annuel en fonctionnement normal ?
b. Quels sont la consommation annuelle de l'appareil et son coût annuel en veille ?

SOLUTION

a. Consommation annuelle en fonctionnement normal :
4 h/jour × 365 jours × 0,050 kW = 73 kWh.
Coût annuel de l'appareil en fonctionnement :
73 kWh × 0,15 €/kWh = 10,95 €.
b. Consommation annuelle en veille :
20 h/jour × 365 jours × 0,005 kW = 36,5 kWh.
Coût annuel en mode veille :
36,5 kWh × 0,15 €/kWh = 5,47 €.

Quiz express 18

Vérifiez que vous avez bien retenu les points clés des **fiches 14 à 17**

Signaux et conversions d'énergie

1 Modulation de fréquence ou d'amplitude ?

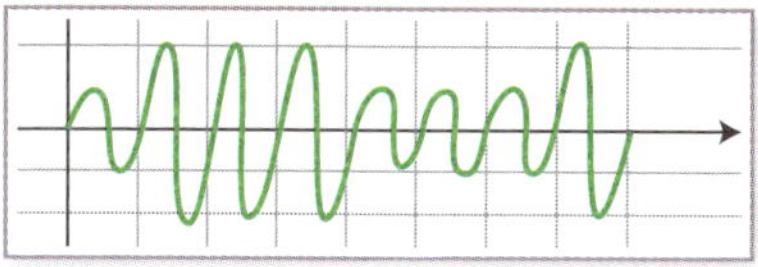

Le signal ci-dessus est une modulation :

☐ **a.** de fréquence. ☐ **b.** d'amplitude.

2 Des conversions d'énergie

Associez la conversion d'énergie appropriée à chaque système.

1. barrage •	• **a.** électrique → thermique
2. pile •	• **b.** potentielle → cinétique
3. radiateur électrique •	• **c.** chimique → électrique

3 Des énergies sous toutes les formes

Complétez les phrases suivantes en précisant la forme d'énergie.

1. Pour fonctionner, une lampe a besoin d'énergie …………… .

2. Quand on réchauffe un objet, on lui fournit de l'énergie …………… .

3. Une lampe a pour rôle de nous fournir de l'énergie …………… mais elle produit aussi de l'énergie …………… .

4 Les bonnes unités de puissance électrique

Dans la relation entre énergie électrique ΔE et puissance électrique P :

1. Si ΔE est exprimé en joules, alors P est en :

☐ **a.** W ☐ **b.** kW ☐ **c.** h

2. Si ΔE est exprimé en kilowattheures, alors P est en :

☐ **a.** W ☐ **b.** kW ☐ **c.** h

Corrigés !

Score : ... / 10

1 Modulation de fréquence ou d'amplitude ?

Fiche 14

Réponse b.

La modulation d'amplitude consiste à faire varier l'amplitude de l'onde porteuse en fonction du signal modulant.

2 Des conversions d'énergie

Fiches 15 et 16

1. **Réponse b.**
2. **Réponse c.**
3. **Réponse a.**

3 Des énergies sous toutes les formes

Fiches 15 et 16

1. Pour fonctionner, une lampe a besoin d'énergie électrique.
2. Quand on réchauffe un objet, on lui fournit de l'énergie thermique.
3. Une lampe a pour rôle de nous fournir de l'énergie rayonnante mais elle produit aussi de l'énergie thermique.

4 Les bonnes unités de puissance électrique

Fiche 17

1. **Réponse a.**

Si ΔE est exprimé en joules, alors la puissance P est en watts et le temps en secondes.

2. **Réponse b.**

Si ΔE est exprimé en kilowattheures, alors la puissance P est en kilowatts et le temps en heures.

Les phénomènes géologiques : risques et enjeux

19

QUIZ p. 49

Comment l'Homme fait-il face aux risques de séismes, d'éruptions volcaniques ou de tsunamis ?

RAPPELS DE COURS

1 *Les phénomènes géologiques*

La Terre a une activité interne. La majorité des **séismes** et des **éruptions volcaniques** se produisent aux limites des plaques tectoniques.

2 *La gestion des risques*

▶ Les failles et les volcans actifs sont bien identifiés et surveillés par satellite GPS. L'Homme y a installé des observatoires pour effectuer une **surveillance en continu.**

▶ L'augmentation de la sismicité, de la température ou du gonflement d'un volcan permettent de **prévoir un aléa**, et d'évacuer les populations.

MOT CLÉ Un aléa est la probabilité de la survenue d'un phénomène naturel.

▶ Des **mesures de prévention** comme les constructions parasismiques et l'éducation des populations permettent également de limiter les risques.

DOCUMENTS CLÉS

1 *Un système d'alerte aux tsunamis dans le Pacifique*

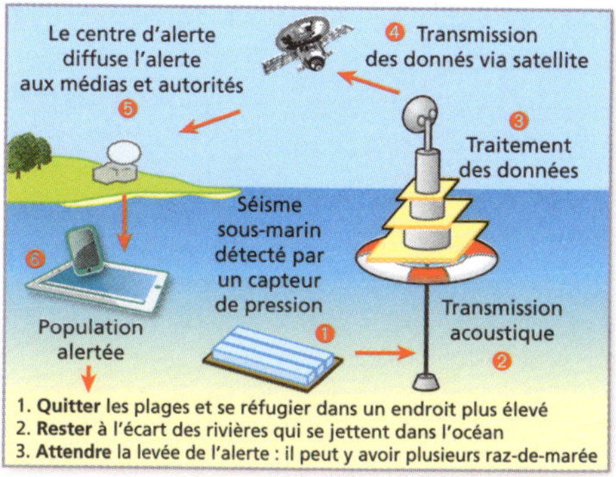

▶ Un tsunami est une **série de vagues destructrices**, pouvant atteindre les côtes. Ces vagues sont créées par le déplacement de terrains sous la mer (séisme sous-marin).

▶ Depuis le tsunami meurtrier survenu le 26 décembre 2004 en Indonésie, des **dispositifs d'alerte** internationaux et des systèmes de prévention ont été mis en place. Ils aident à réduire les risques pour les populations.

2 La vulnérabilité du Japon face aux risques sismiques

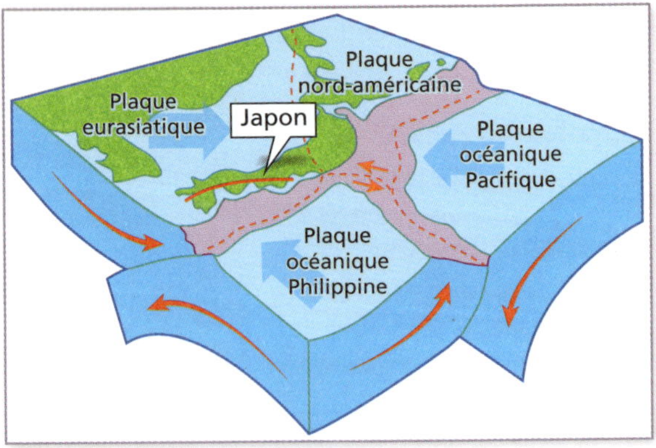

▶ La situation de l'archipel du Japon se caractérise par la **subduction** (enfoncement) des plaques océaniques Pacifique et Philippine sous la plaque eurasiatique. Ceci explique les nombreux séismes qui frappent le Japon.

▶ La **vulnérabilité** d'une société est liée à sa capacité à faire face à un aléa. Dans le passé, la société japonaise était vulnérable face aux risques sismiques. Elle l'est moins aujourd'hui grâce aux constructions parasismiques et à l'entraînement régulier des populations.

▶ Ainsi, tous les ans depuis le séisme du 1er septembre 1923 à Kantô, la population réalise un exercice d'entraînement. Le 1er septembre 2015, ce sont près de 1,7 million de Japonais qui ont participé à cet exercice : le scénario était la survenue d'un séisme de **magnitude** 7,3 à l'ouest de la capitale.

> MOT CLÉ La force d'un séisme est évaluée par sa magnitude (échelle de Richter).

Les phénomènes météorologiques et climatiques : risques et enjeux

20

? QUIZ p. 49

Comment l'Homme peut-il prévoir le temps qu'il fera demain, ou dans un siècle ?

RAPPELS DE COURS

1 Le système climatique terrestre

Le climat est défini par l'étude des **paramètres atmosphériques** (températures, précipitations) dans une région donnée, sur une période donnée.

MOT CLÉ La climatologie est l'étude des paramètres atmosphériques sur une période longue (plus de 30 ans).

A Les changements climatiques passés

L'étude des roches et des fossiles a permis d'identifier, dans le passé, des périodes de **réchauffement** du climat, comme le Crétacé (– 130 à – 65 Ma), et des périodes froides, comme les **glaciations** du Quaternaire (– 2,6 Ma).

B Les grandes zones climatiques

À l'échelle du globe, la répartition inégale de l'**énergie solaire** crée deux zones polaires, deux zones tempérées et une zone chaude.

C Courants océaniques et vents

▶ Des **courants océaniques** chauds formés à l'équateur, comme le Gulf Stream, permettent des transferts de chaleur. Aux pôles, l'eau de mer gèle en surface. Les eaux, alors très salées et denses, coulent en créant des courants froids profonds.

▶ La **force de Coriolis** due à la rotation de la Terre dévie la direction des vents.

▶ La dynamique des masses d'air est aussi régie par les **différences de pression atmosphérique**. Ces masses d'air sont séparées par des surfaces de discontinuité appelées fronts. Leur confrontation provoque des perturbations atmosphériques.

2 La prévision des risques météorologiques

▶ L'étude des données obtenues *via* les stations météorologiques ou le satellite Météosat permettent de publier des **cartes météorologiques** et de vigilance de plus en plus fiables.

> MOT CLÉ La météorologie est l'étude des vents, des températures et des précipitations sur une période courte.

▶ Les **simulations du climat à long terme**, grâce à des logiciels spécialisés, sont en revanche plus incertaines car elles font intervenir de nombreux paramètres.

DOCUMENT CLÉ

La carte de vigilance de Météo-France

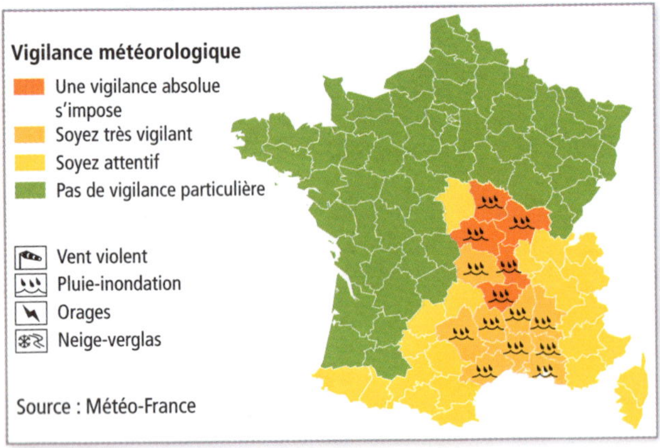

Source : Météo-France

▶ Des cartes de vigilance établies par Météo-France permettent d'**alerter** les populations.

▶ Une vigilance orange ou rouge correspond à la prévision de phénomènes météorologiques **dangereux ou très dangereux** (vents violents, pluies, inondations, avalanches, verglas).

▶ Le respect des conseils, comme éviter les déplacements, permet de **limiter les risques** pour l'Homme.

Gérer les ressources énergétiques et le changement climatique

21

? QUIZ p. 49

Comment l'exploitation des ressources énergétiques par l'Homme influence-t-elle le climat ? Comment lutter contre le réchauffement climatique ?

RAPPELS DE COURS

1 Les ressources naturelles énergétiques

▶ Le pétrole, le gaz et le charbon sont des **sources d'énergie fossiles.** Ils représentent 80 % de la production d'énergie mondiale. Ils sont **non renouvelables** à l'échelle humaine et leurs stocks sont limités. Pourtant, nos besoins en énergie sont croissants.

▶ Les énergies solaire, hydraulique, éolienne et géothermique, ainsi que la biomasse, sont **renouvelables** mais ne représentent que 20 % de la production.

2 Une gestion durable pour préserver le climat

A Le réchauffement climatique

▶ L'étude des **climats passés** montre que la variation du taux de CO_2 a une influence sur le climat.

▶ Depuis le début de l'ère industrielle, en 1750, les **rejets de CO_2** dus à l'utilisation des sources d'énergie fossiles et à la déforestation augmentent.

▶ Ils provoquent un **réchauffement de l'atmosphère** et une diminution des quantités de glace générant une augmentation des phénomènes climatiques extrêmes.

B Les actions de l'Homme face au réchauffement

▶ Scientifiques et politiques doivent trouver des solutions pour maintenir le réchauffement à **moins de 2 °C.**

▶ Il s'agit de mesures d'**atténuation** : transition vers les énergies renouvelables, qui rejettent moins de CO_2, et captation du CO_2 émis.

▶ Par ailleurs, l'**adaptation** aux changements climatiques contribuera à éviter des conséquences dramatiques (sécheresse, famine, réfugiés climatiques). Par exemple, la surélévation des habitations en zones côtières permettra de faire face à la montée du niveau marin.

MOT CLÉ **L'adaptation aux changements climatiques constitue un ensemble de mesures permettant de réduire la vulnérabilité des populations.**

DOCUMENT CLÉ

L'effet de serre accentué par l'Homme

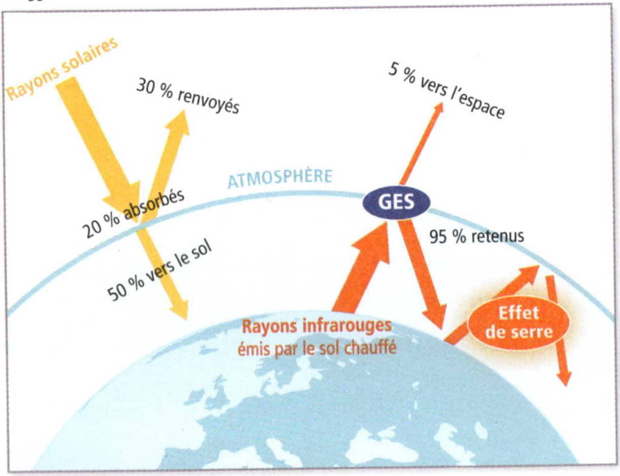

▶ Si tout le rayonnement infrarouge issu du sol chauffé par les rayons solaires était renvoyé vers l'espace, la **température moyenne** sur Terre serait de – 18 °C, or elle est de + 15 °C.

▶ En effet, la rayonnement infrarouge est retenu par des **gaz à effet de serre**, ou GES, naturels (vapeur d'eau et CO_2 principalement) et réchauffe la Terre.

▶ L'augmentation actuelle de la température moyenne est due au **rejet excessif de GES anthropiques** (d'origine humaine), ce qui amplifie l'effet de serre naturel. Ces gaz sont le dioxyde de carbone (CO_2) pour 70 %, le méthane (CH_4), le protoxyde d'azote (N_2O), l'ozone et les gaz fluorés.

Activités humaines et écosystèmes 22

QUIZ p. 49

Quels sont les impacts de l'Homme sur le fonctionnement des écosystèmes ?

RAPPELS DE COURS

1 Les impacts néfastes de l'activité humaine sur les écosystèmes

▶ Un **écosystème** est défini comme un ensemble d'êtres vivants qui interagissent entre eux et avec leur milieu de vie.

▶ Les prélèvements directs dans la nature (chasse, pêche et déforestation) perturbent les chaînes alimentaires ; l'urbanisation ou l'exploitation des ressources détruisent les habitats : **la biodiversité diminue.**

▶ On observe des déséquilibres au sein des écosystèmes et un taux d'**extinction** des espèces 100 à 1 000 fois supérieur aux taux qui étaient observés auparavant.

> MOT CLÉ L'extinction d'une espèce correspond à la disparition définitive d'une espèce d'êtres vivants.

2 Des exemples d'actions bénéfiques

A La gestion durable des ressources aquatiques

▶ Des mesures de gestion durable des ressources aquatiques (halieutiques) sont prises au niveau mondial. Des **quotas de pêche** permettent à la population de certaines espèces de se reconstituer.

> MOT CLÉ La gestion durable est l'exploitation des ressources qui ne nuit pas aux générations futures.

▶ Cependant, les pays doivent respecter les accords internationaux et lutter contre la **pêche illégale.**

B La gestion durable des ressources forestières

▶ Des mesures pour une gestion forestière durable ont été prises dès 1992, au **Sommet de la Terre de Rio.**

▶ Des **labels de certification forestière** (FSC) garantissent que le bois est exploité en préservant l'environnement et les intérêts des populations. Cela permet aux consommateurs de privilégier l'achat de bois certifié.

▶ Par ailleurs, les pays doivent lutter contre les **coupes illégales**.

DOCUMENT CLÉ

Des points chauds de biodiversité à préserver

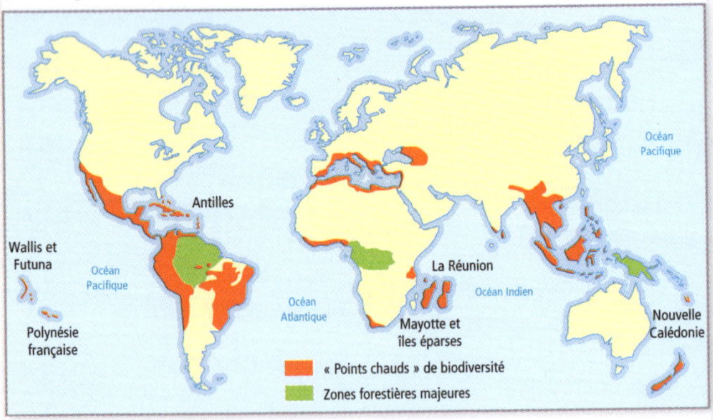

▶ 34 territoires (en rouge) sont considérés comme **les plus riches en espèces** de la planète, certaines étant encore inconnues.

▶ Ce sont aussi des « points chauds de biodiversité », où ces espèces sont **le plus menacées de disparaître**.

▶ Des **mesures de conservation** doivent permettre de préserver les espèces sauvages sans empêcher l'activité humaine.

? **Quiz express**

Vérifiez que vous avez bien retenu les points clés des **fiches 19 à 22**

23

La planète Terre, l'environnement et l'action humaine

1 Les phénomènes géologiques

	Vrai	Faux
La magnitude d'un séisme permet d'évaluer sa force.	☐	☐

2 Les phénomènes météorologiques et climatiques

	Vrai	Faux
1. Il y a cinq grandes zones climatiques sur Terre.	☐	☐
2. Les courants océaniques froids profonds sont formés d'eau douce.	☐	☐

3 Les acteurs du système climatique

Complétez avec : ***courants froids – énergie solaire – Gulf Stream – masses d'air – perturbations atmosphériques.***

Sur Terre, la répartition inégale de l'.................... crée des zones chaudes et froides. À l'équateur, l'eau de mer se réchauffe et un courant chaud appelé .... se forme. Aux pôles, l'eau de mer gèle et des .... sont créés. Dans l'atmosphère, la confrontation des .... provoque des .... comme les précipitations.

4 Ressources énergétiques et changement climatique

	Vrai	Faux
1. Les énergies fossiles représentent 20 % de la production d'énergie mondiale.	☐	☐
2. L'effet de serre naturel est un phénomène néfaste pour les êtres vivants.	☐	☐

5 Activités humaines et écosystèmes

L'impact de l'Homme sur les habitats naturels est dû :

☐ **a.** à l'exploitation des ressources. ☐ **b.** à l'urbanisation.

Corrigés !

Score : ... / 12

1 Les phénomènes géologiques

Fiche 19

Vrai.

Plus un séisme libère d'énergie, plus sa magnitude est élevée (échelle de Richter).

2 Les phénomènes météorologiques et climatiques

Fiche 20

1. **Vrai.**

À l'échelle du globe, la répartition inégale de l'énergie solaire crée deux zones polaires, deux zones tempérées et une zone chaude.

2. **Faux.**

Quand la banquise gèle, il y a création d'un courant froid profond très salé et très dense.

3 Les acteurs du système climatique

Fiche 20

Sur Terre, la répartition inégale de l'énergie solaire crée des zones chaudes et froides. À l'équateur, l'eau de mer se réchauffe et un courant chaud appelé Gulf Stream se forme. Aux pôles, l'eau de mer gèle et des courants froids sont créés. Dans l'atmosphère, la confrontation des masses d'air provoque des perturbations atmosphériques comme les précipitations.

4 Ressources énergétiques et changement climatique

Fiche 21

1. **Faux.**

Les énergies fossiles représentent 80 % de la production d'énergie mondiale.

2. **Faux.**

L'effet de serre naturel permet d'avoir une température de + 15 °C compatible avec la vie.

5 Activités humaines et écosystèmes

Fiche 22

Réponses a et b.

Les besoins des végétaux chlorophylliens

24

? QUIZ p. 59

Comment fonctionne la photosynthèse ? Quel est son rôle ?

RAPPELS DE COURS

1 À l'origine de la matière organique

▶ Tous les **êtres vivants** sont constitués de matière organique.

▶ Les végétaux verts sont dits **autotrophes** car ils fabriquent leur propre matière à partir d'éléments minéraux.

▶ Ce sont les premiers maillons des **réseaux alimentaires.**

> MOT CLÉ Un être vivant autotrophe est capable de fabriquer sa propre matière organique à partir de matière minérale.

2 La photosynthèse

La synthèse de matière organique a lieu au niveau des **feuilles.**

> MOT CLÉ La photosynthèse est la production par les végétaux chlorophylliens de matière organique à partir de matière minérale grâce à l'énergie lumineuse.

A Le mécanisme de la photosynthèse

▶ Les feuilles possèdent des structures appelées **stomates** (voir le « document clé » page suivante), qui assurent les échanges gazeux avec le milieu extérieur.

▶ Les plantes utilisent le **dioxyde de carbone** (CO_2) de l'air pour fabriquer de la matière organique et rejettent du **dioxygène** (O_2).

B La réaction de photosynthèse

La photosynthèse est possible grâce à l'**énergie lumineuse** du Soleil, captée par la chlorophylle, un pigment vert contenu dans les chloroplastes.

$$CO_2 + \text{eau} \xrightarrow[\textit{lumière}]{} \text{matière organique} + O_2$$

3 *Le transport de la sève*

A Le prélèvement de matière

▶ L'eau et les sels minéraux sont puisés dans le sol grâce aux **poils absorbants** des racines.

▶ Ils forment la **sève brute** transportée jusqu'aux feuilles dans les vaisseaux du **xylème**. Le moteur de ce transport est l'élimination d'eau au niveau des stomates (transpiration).

B La production de matière

▶ La matière organique fabriquée dans les feuilles par la plante est véhiculée dans **tout l'organisme**.

▶ Elle est transportée sous forme de **sève élaborée** dans des vaisseaux particuliers : les tubes criblés du **phloème**.

DOCUMENT CLÉ

Les stomates et la photosynthèse

▶ Les stomates sont des **ouvertures** naturelles, visibles au microscope électronique à balayage (MEB).

▶ Ils se trouvent sur la **face inférieure** des feuilles d'un végétal chlorophyllien et interviennent dans la photosynthèse et la transpiration.

Stomate à l'obscurité (MEB)

Le stomate est fermé.
↓
Le CO_2 ne peut pas pénétrer dans la feuille.
↓
PAS DE PHOTOSYNTHÈSE

Stomate à la lumière (MEB)

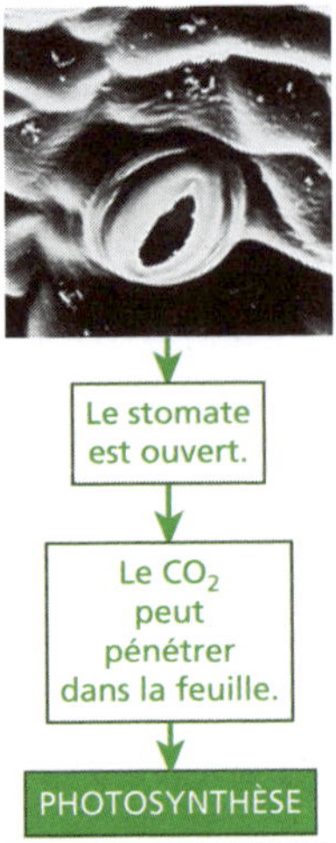

Le stomate est ouvert.
↓
Le CO_2 peut pénétrer dans la feuille.
↓
PHOTOSYNTHÈSE

Le transport des matières chez les animaux

25

? QUIZ p. 59

Comment le corps assure-t-il les apports énergétiques nécessaires aux cellules des organes ?

RAPPELS DE COURS

Une cellule animale a besoin de dioxygène et de nutriments. Elle produit également des déchets comme le dioxyde de carbone et l'urée, transportés par les liquides du corps : le sang et la lymphe.

1 *Les liquides du corps*

A Le sang

▶ Le **sang** est composé d'une partie liquide, le plasma, qui contient de l'eau, des nutriments, des déchets et des éléments minéraux, ainsi que de différentes cellules (hématies, leucocytes, plaquettes).

▶ Les **hématies** contiennent un pigment rouge, l'hémoglobine. Celle-ci fixe le dioxygène et le dioxyde de carbone, ce qui permet leur transport dans l'organisme.

MOT CLÉ Une hématie (ou globule rouge) est une cellule du sang, dépourvue de noyau, qui permet le transport du dioxygène et du dioxyde de carbone dans l'organisme.

B La lymphe

▶ La **lymphe** est un liquide de l'organisme, transparent ou jaunâtre, circulant dans les vaisseaux lymphatiques.

▶ Elle a la même composition que le plasma sanguin : c'est du sang dépourvu d'hématies. Elle transporte essentiellement les **déchets** et les lipides.

2 *La circulation du sang et de la lymphe*

A La circulation du sang

▶ Le sang circule dans des **vaisseaux sanguins** (cf. le « document clé »).

▶ C'est le **cœur** qui, en se contractant, permet de mettre le sang en mouvement. Le sang circule à **sens unique** et l'appareil circulatoire est clos.

B La circulation de la lymphe

▶ La lymphe circule dans des **vaisseaux lymphatiques**, qui sont parallèles aux vaisseaux sanguins et reliés à eux.

▶ Ce sont de petits muscles autour de ces vaisseaux qui permettent de la mettre en mouvement. Elle circule à **sens unique.** On trouve aussi la lymphe autour des cellules.

DOCUMENT CLÉ

La circulation sanguine et les vaisseaux sanguins

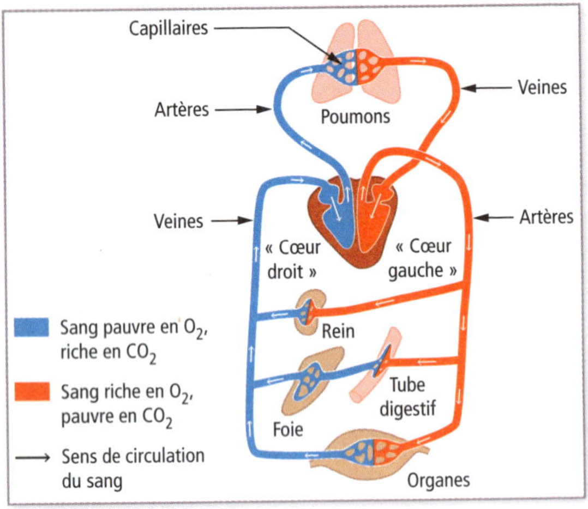

▶ Les **artères**, qui transportent le sang du cœur aux organes, ont une paroi épaisse et élastique.
À l'intérieur, la pression sanguine est forte. Ce sont les vaisseaux qui ont le diamètre le plus important.

▶ Les **veines**, qui transportent le sang des organes au cœur, ont une paroi fine et rigide.
La pression sanguine dans les veines est faible.

▶ Les **capillaires sanguins** sont de petits vaisseaux à paroi très fine se trouvant au niveau des organes.
C'est à leur niveau que se font les échanges entre les tissus et le sang. Leur diamètre est minuscule.

La reproduction sexuée des plantes à fleurs

26

? QUIZ p. 59

Comment se reproduisent les plantes à fleurs ?

RAPPELS DE COURS

1 La fleur, organe de reproduction

▶ Chez les **angiospermes** (plantes à fleurs), la fleur est l'organe permettant la reproduction sexuée.

▶ Souvent, la fleur est **hermaphrodite** et contient les organes mâles, les étamines, et l'organe femelle, le pistil. Les étamines produisent les gamètes mâles contenus dans le pollen et le pistil produit les gamètes femelles : les ovules.

2 De la fleur à la graine

A La pollinisation

▶ On nomme **pollinisation** le transport des grains de pollen des étamines jusqu'au pistil. Elle est assurée essentiellement par les insectes ou le vent. Les grains de pollen sont déposés sur la partie terminale du pistil, le stigmate.

▶ Si le grain de pollen est déposé sur le pistil d'une fleur du même individu, on parle d'**autopollinisation**.

▶ S'il est déposé sur le pistil d'une fleur d'un autre individu, c'est une **pollinisation croisée**, qui participe à la diversité génétique.

B La fécondation

▶ Lorsque le pollen et le stigmate sont compatibles (même espèce), un **tube pollinique** se forme pour atteindre l'ovule.

▶ Chez les plantes à fleurs, il y a une **double fécondation** : il faut deux grains de pollen pour féconder un ovule.

▶ Le pistil grossit et se transforme en **fruit** ; l'ovule devient la **graine**.

C La dispersion

Les graines sont transportées par divers **facteurs de dispersion** : le vent, l'eau, les animaux dans leur tube digestif ou sur leurs poils.

DOCUMENTS CLÉS

1 *De la pollinisation à la fécondation*

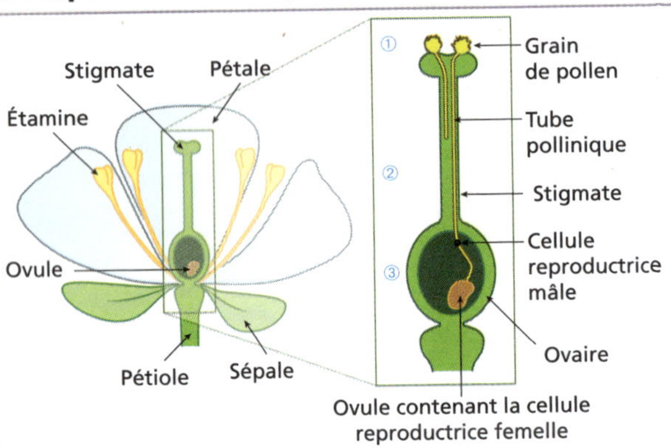

Coupe longitudinale de fleur

De la pollinisation à la fécondation

▶ La **pollinisation** (1) est le dépôt du grain de pollen sur le pistil.

▶ La **germination du grain de pollen** (2) est le développement du tube pollinique en direction des ovules.

▶ La **fécondation** (3) est la rencontre du gamète mâle contenu dans le grain de pollen et du gamète femelle contenu dans l'ovaire.

2 *La dispersion des graines*

▶ Le fruit de la lampourde (à gauche) possède des petits crochets qui s'accrochent aux poils des animaux.

▶ Le fruit du pissenlit (à droite), très léger, s'envole avec le vent.

La reproduction sexuée chez les vertébrés

27

QUIZ p. 59

Comment se reproduisent les vertébrés ?

RAPPELS DE COURS

1 Deux types de fécondation

A La fécondation externe

▶ Chez de nombreux vertébrés aquatiques, la fécondation est **externe** : elle a lieu dans l'eau.

▶ Mâles et femelles libèrent de **nombreux gamètes**, qui se rencontrent au hasard.

B La fécondation interne

▶ Chez les vertébrés aériens, la fécondation est **interne** : elle a lieu à l'intérieur des voies génitales femelles.

▶ Elle nécessite un **accouplement** des partenaires. Le rapprochement des mâles et des femelles peut être facilité par certains comportements comme les **parades nuptiales**.

2 Le maintien des espèces dans le milieu

▶ Chez certains ovipares, quand les œufs ne sont pas protégés comme chez les amphibiens, de **nombreux œufs** sont produits pour compenser les pertes.

> MOTS CLÉS Chez les ovipares, l'embryon se développe à l'intérieur d'un œuf pondu par la femelle. Chez les vivipares, l'embryon se développe dans l'utérus de la femelle.

▶ En milieu terrestre, il y a moins de cellules œufs produites mais la **protection des œufs et des jeunes** est plus importante.
Chez certains ovipares, comme les oiseaux, les œufs contiennent un liquide de protection.
Chez les mammifères (vivipares), les petits sont protégés dans l'organisme maternel et les soins aux jeunes sont importants après la naissance.

3 Les facteurs influençant la reproduction sexuée

▶ Les **ressources alimentaires** du milieu ont une influence directe : plus la quantité d'aliments est importante, plus le nombre d'individus issus de la reproduction sexuée est grand.

▶ Les **activités humaines** peuvent nuire à la biodiversité ou, au contraire, la préserver. Elles ont donc une influence directe sur la **dynamique des populations**.

DOCUMENT CLÉ

L'action de l'Homme sur la fertilité du faucon pèlerin

Le faucon pèlerin est le plus gros faucon français.
Dans les années 1950, on a constaté une baisse du taux de reproduction de cet oiseau.
Des études ont alors montré que les proies consommées par ces rapaces contenaient une grande quantité de substances chimiques que l'on trouve dans certains insecticides. Au début des années 1970, ces produits ont été interdits.
On a mesuré l'évolution de l'épaisseur de la coquille d'œuf du faucon pèlerin au cours du temps :

	1950	1960	1965	1970	1980	1990
Épaisseur moyenne des coquilles (en mm)	5	5	3	2	3	4

▶ La quantité de ressources alimentaires n'a joué aucun rôle sur la reproduction du faucon. C'est la **qualité** de ces ressources qui a une influence.

▶ L'**emploi d'insecticides** entraîne une diminution de l'épaisseur de la paroi des œufs. En effet, cette épaisseur diminue jusqu'aux années 1970, moment où les insecticides sont interdits.

▶ L'Homme, en utilisant des insecticides ingérés par les proies du faucon puis le faucon lui-même, a eu une **action négative**, de façon indirecte, sur la reproduction du faucon.

▶ Il a eu également une **action positive** en interdisant ces produits chimiques et donc en rétablissant l'équilibre premier de la chaîne alimentaire.

? Quiz express

Vérifiez que vous avez bien retenu les points clés des **fiches 24 à 27**

28

Le vivant et son évolution (1)

1 Les besoins des végétaux chlorophylliens

	Vrai	Faux
1. Pour fabriquer leur matière organique, les végétaux utilisent l'énergie lumineuse.	☐	☐
2. La sève brute est transportée par les vaisseaux du phloème.	☐	☐
3. Les végétaux utilisent du dioxygène pour fabriquer leur matière organique.	☐	☐

2 Le transport des matières chez les animaux

	Vrai	Faux
1. Dans les vaisseaux sanguins, le sang circule dans les deux sens.	☐	☐
2. La lymphe contient des hématies.	☐	☐
3. Ce sont les leucocytes qui transportent le dioxygène.	☐	☐

3 La reproduction sexuée des plantes à fleurs

Complétez avec : *ovule – pistil – angiosperme – fruit – tube pollinique.*

La partie de la plante contenant les graines est le ....

Le .... est le prolongement tubulaire d'un grain de pollen.

Le .... est la partie de la fleur contenant les ovules.

Une plante à fleur est un ....

On appelle .... la future graine avant fécondation.

4 La reproduction sexuée chez les vertébrés

1. En milieu terrestre, la fécondation chez les vertébrés est :

☐ **a.** toujours interne. ☐ **b.** toujours externe.

2. La fécondation externe entraîne la production :

☐ **a.** d'un petit nombre de gamètes.

☐ **b.** d'un grand nombre de gamètes.

Corrigés !

Score : ... / 13

1 *Les besoins des végétaux chlorophylliens*

Fiche 24

1. Vrai.
C'est la photosynthèse.

2. Faux.
La sève brute est transportée par les vaisseaux du xylème.

3. Faux.
Les végétaux utilisent du dioxyde de carbone pour fabriquer leur matière organique.

2 *Le transport des matières chez les animaux*

Fiche 25

1. Faux.
Le sang circule à sens unique.

2. Faux.
La lymphe est dépourvue d'hématies.

3. Faux.
Ce sont les hématies qui transportent le dioxygène.

3 *La reproduction sexuée des plantes à fleurs*

Fiche 26

La partie de la plante contenant les graines est le fruit.
Le tube pollinique est le prolongement tubulaire d'un grain de pollen.
Le pistil est la partie de la fleur contenant les ovules.
Une plante à fleur est un angiosperme.
On appelle ovule la future graine avant fécondation.

4 *La reproduction sexuée chez les vertébrés*

Fiche 27

1. Réponse a.
Chez les vertébrés aériens, la fécondation a lieu à l'intérieur des voies génitales femelles. Elle nécessite un accouplement des partenaires.

2. Réponse b.
Chez de nombreux vertébrés aquatiques, la fécondation est externe : elle a lieu dans l'eau. Mâles et femelles libèrent de nombreux gamètes, qui se rencontrent au hasard.

La diversité génétique

29

QUIZ p. 67

Les êtres vivants sont tous différents les uns des autres. Comment cette diversité est-elle inscrite dans les gènes ?

RAPPELS DE COURS

1 Les chromosomes, supports du programme génétique

A Le patrimoine génétique

▶ Un individu possède les **caractères communs** à son espèce (caractères spécifiques), avec des variations individuelles qui font de lui une personne unique. Certains de ces caractères peuvent également être modifiés par l'action de l'environnement.

▶ Les caractères dits héréditaires d'un individu, car hérités de ses parents, sont inscrits dans un **programme génétique.** Celui-ci est porté par les chromosomes, des filaments présents dans le noyau de chaque cellule.

MOT CLÉ Caractère héréditaire se dit d'un caractère qui se transmet de génération en génération.

B Les chromosomes

▶ L'espèce humaine possède **23 paires de chromosomes.** Seule la 23e paire diffère selon le sexe de l'individu : l'homme possède un chromosome Y et un chromosome X ; la femme possède deux chromosomes X (ci-contre).

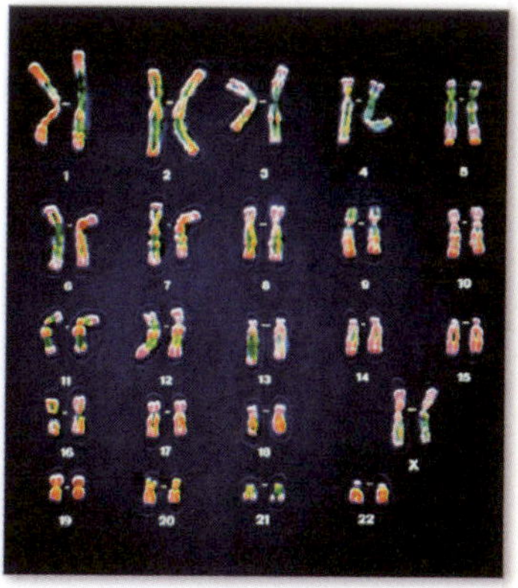

▶ L'ensemble des caractères d'un individu constitue son **phénotype** ; l'ensemble de ses chromosomes, son **caryotype.**

2 *Les gènes, unités d'information génétique*

▶ Chaque chromosome est divisé en unités d'information : les **gènes**. Chaque gène détermine un caractère héréditaire précis. Sur chaque chromosome d'une même paire, les gènes occupent la même position.

> MOT CLÉ Un gène est une portion de chromosome qui porte une information relative à un caractère héréditaire précis.

▶ Un gène existe sous différentes versions appelées **allèles**. Pour un gène donné, les deux chromosomes d'une même paire portent soit deux allèles identiques, soit deux allèles différents.

▶ Les allèles dominants s'expriment toujours alors que les allèles récessifs ne s'expriment que lorsqu'ils sont seuls. L'ensemble des allèles d'un individu constitue le **génotype**.

DOCUMENT CLÉ

Le groupe sanguin

Paire de chromosomes n° 9						
Génotype	[AA]	[AO]	[AB]	[BB]	[BO]	[OO]
Phénotype (groupe sanguin)	A	A	AB	B	B	O

■ Allèle A dominant ■ Allèle B dominant ■ Allèle O récessif

▶ Le gène du groupe sanguin est porté par la paire de chromosomes n° 9. Il existe **4 groupes** sanguins différents : A, B, AB et O, mais seulement 3 allèles différents : A et B (dominants), et O (récessif).

▶ Les **génotypes possibles** sont constitués par les différentes paires de chromosomes.

▶ Chaque combinaison d'allèles donne un groupe sanguin : c'est le **phénotype**.

L'origine de la diversité génétique

30

QUIZ p. 67

Sur quels mécanismes reposent la diversité et la stabilité génétique ?

RAPPELS DE COURS

1 La formation des gamètes : la méiose

A La préparation de l'ADN

▶ Les chromosomes portent l'information génétique à l'origine de la diversité des êtres vivants. Ils sont essentiellement constitués d'une longue molécule, l'ADN (**acide désoxyribonucléique**).

▶ L'ADN se prépare à la méiose en se pelotonnant sur lui-même, ce qui rend les **chromosomes visibles**.

B La particularité des gamètes

▶ Les gamètes ont un caryotype particulier : ils ne possèdent qu'**un chromosome de chaque paire**, donc seulement la moitié des chromosomes d'une espèce.

▶ Chaque gamète ne contient qu'**un seul chromosome sexuel** (X ou Y).

C La duplication des chromosomes

Avant la méiose, les chromosomes se dupliquent : chaque chromosome fait une **copie de lui-même**. On obtient ainsi des chromosomes à deux branches (chromatides), formés de deux molécules d'ADN au lieu d'une.

> MOT CLÉ Une chromatide est une branche de chromosome ; un chromosome dupliqué possède deux chromatides.

D La division cellulaire

▶ Puis, la cellule de départ subit **deux divisions successives** : la première sépare les chromosomes d'une même paire, et la seconde sépare les chromatides d'un même chromosome.

▶ La première division se faisant **au hasard**, il existe une infinité de combinaisons possibles des différents allèles portés par les gènes des chromosomes.

2 La formation d'un individu unique : la fécondation

▶ La fécondation est la **fusion** du noyau d'un **ovule** avec le noyau d'un **spermatozoïde**, chacun possédant 23 chromosomes (chez l'Homme). Cela permet de rétablir le nombre de chromosomes de l'espèce (23 paires).

▶ La fécondation se faisant **au hasard**, il existe un très grand nombre de possibilités de cellules œufs différentes et donc d'individus différents.

DOCUMENT CLÉ

La transmission des chromosomes sexuels lors de la méiose

▶ On positionne un gène quelconque sur le chromosome X avec deux allèles : « A », dominant, et « b », récessif.

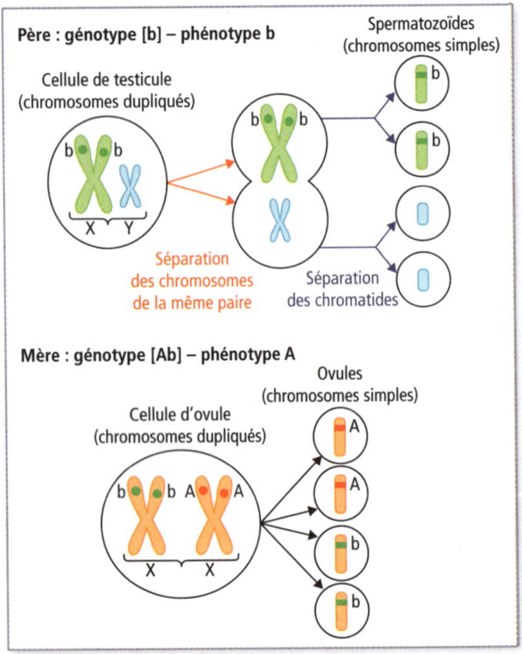

▶ Au final, chaque gamète ne contient qu'**un seul chromosome sexuel simple**.

Parenté et évolution des êtres vivants

31

? QUIZ p. 67

Quels sont les mécanismes qui expliquent l'évolution des espèces ?

RAPPELS DE COURS

1 *Les roches sédimentaires : archives géologiques*

▶ Les roches sédimentaires renferment des **fossiles** qui permettent de reconstituer l'histoire de la vie, apparue sur Terre il y a 3,5 milliards d'années.

▶ L'étude de groupes de fossiles, comme celui des ammonites (animaux marins disparus), prouve que **les espèces se renouvellent.**

▶ Certaines périodes se caractérisent par des changements rapides des peuplements. Pendant ces **crises géologiques**, des espèces disparaissent tandis que d'autres se diversifient et prolifèrent.

> MOT CLÉ Une crise géologique est une période pendant laquelle a lieu une extinction brutale et simultanée de nombreuses espèces.

2 *Le principe d'évolution des espèces*

A Le même support génétique pour tous les êtres vivants

▶ Bien que très différents les uns des autres, tous les êtres vivants ont en commun la présence d'**ADN** comme support du programme génétique et de **cellules.** Cela montre qu'ils ont un **ancêtre commun.**

▶ On observe des liens de parenté entre des espèces distinctes, d'une même époque ou d'époques différentes, en particulier dans le **plan d'organisation** du squelette.

B Apparition et diversification des espèces

▶ Lors de la formation d'une nouvelle espèce, il y a apparition et sélection au fil des générations de **nouveaux caractères**, qui favorisent souvent une meilleure adaptation au milieu de vie.

▶ Des **mutations génétiques** sont à l'origine de l'apparition de ces caractères.

> MOT CLÉ Une mutation génétique est une modification du matériel génétique héréditaire permettant l'apparition de nouveaux caractères.

▶ L'Homme est un **primate.** Il partage avec le chimpanzé de nombreux caractères mais possède certains caractères spécifiques, comme la bipédie, ce qui fait de lui une espèce à part entière.

DOCUMENT CLÉ

Le plan d'organisation des membres supérieurs de trois vertébrés

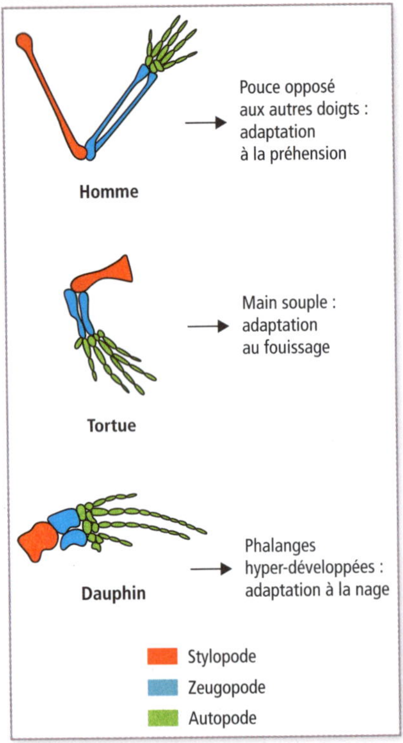

▶ Les membres supérieurs des vertébrés actuels possèdent le **même plan d'organisation** en trois parties : le stylopode, le zeugopode et l'autopode. Cela prouve l'existence d'un ancêtre commun.

▶ Cependant, les **caractères ancestraux** ont été modifiés, laissant place à des **caractères évolués** assurant une meilleure adaptation de l'animal à son milieu.

Quiz express 32

Vérifiez que vous avez bien retenu les points clés des **fiches 29 à 31**

Le vivant et son évolution (2)

1 La diversité génétique

	Vrai	Faux
1. Le caryotype humain contient 23 chromosomes.	☐	☐
2. Tous les allèles d'un individu s'expriment.	☐	☐

2 Caractères héréditaires

Cochez les caractères qui sont héréditaires.

- ☐ a. longueur des cheveux
- ☐ b. couleur des yeux
- ☐ c. forme des oreilles
- ☐ d. musculature

3 L'origine de la diversité génétique

	Vrai	Faux
1. Les gamètes ont le même caryotype que les cellules de la peau.	☐	☐
2. La quantité d'ADN reste constante pendant toute la vie de la cellule.	☐	☐
3. La cellule œuf possède plus de chromosomes venant du père.	☐	☐
4. Avant la méiose, les chromosomes se dupliquent.	☐	☐

4 Parenté et évolution des êtres vivants

	Vrai	Faux
1. Depuis l'apparition de la vie, les êtres vivants sont toujours les mêmes sur Terre.	☐	☐
2. On observe des changements rapides de la biodiversité au cours de crises géologiques.	☐	☐
3. L'observation des plans d'organisation permet de déterminer des liens de parenté entre les espèces.	☐	☐
4. Les mutations génétiques empêchent l'évolution des espèces	☐	☐

Corrigés !

Score : ... / 12

1 La diversité génétique

Fiche 29

1. Faux.
Le caryotype humain contient 23 paires de chromosomes soit 46 chromosomes.

2. Faux.
Les allèles récessifs doivent être seuls pour s'exprimer.

2 Caractères héréditaires

Fiche 29

Réponses b et c.
La longueur des cheveux et la musculature sont modifiées par l'environnement.

3 L'origine de la diversité génétique

Fiche 30

1. Faux.
Un gamète possède deux fois moins de chromosomes.

2. Faux.
La quantité d'ADN double au cours de la duplication des chromosomes.

3. Faux.
Il y a autant de chromosomes venant du père que de la mère.

4. Vrai.
On obtient ainsi des chromosomes à deux chromatides.

4 Parenté et évolution des êtres vivants

Fiche 31

1. Faux.
Les espèces ont changé et évolué.

2. Vrai.
Des espèces apparaissent et d'autres se diversifient au cours des crises géologiques.

3. Vrai.
Ces espèces peuvent être d'une même époque ou d'époques différentes.

4. Faux.
Les mutations génétiques permettent l'apparition de caractères nouveaux et donc l'adaptation des espèces.

Systèmes nerveux et cardiovasculaire

33

QUIZ p. 75

Comment le système nerveux et le système cardiovasculaire interviennent-ils lors d'un effort musculaire ?

RAPPELS DE COURS

1 Répondre aux besoins des muscles pendant l'effort

A Les besoins en énergie

Lors d'un effort physique, l'énergie nécessaire au travail musculaire est apportée par la réaction chimique entre les **nutriments** et le **dioxygène** (O_2), transportés par le sang jusqu'aux cellules musculaires.

B L'augmentation des rythmes cardiaque et respiratoire

▶ L'accélération des fréquences cardiaque et respiratoire, contrôlées par le **système nerveux autonome** (voir le « document clé » page suivante), permet de répondre à l'augmentation des besoins des cellules musculaires.

> MOT CLÉ Le système nerveux autonome est indépendant de la volonté. Son centre nerveux est le bulbe rachidien.

▶ Fréquence cardiaque et volume d'O_2 consommé augmentent alors jusqu'à une **valeur maximale** : 200 battements/min et 3 L/min environ selon les individus (sportifs ou sédentaires).

▶ Le flux sanguin est redistribué vers les muscles actifs grâce à l'**irrigation des organes en parallèle** et le **recrutement capillaire** (ouverture de capillaires fermés au repos).

2 Préserver sa santé

▶ Une **visite médicale** est obligatoire avant de pratiquer un sport. Le médecin vérifie la fréquence cardiaque et s'assure de l'absence de contre-indications.

▶ Les performances d'un individu dépendent de son âge, son sexe, sa masse et peuvent s'améliorer par l'**entraînement** (endurance).

▶ Cependant, l'organisme a des limites. Certains sportifs prennent des doses très élevées de stéroïdes anabolisants. Ces **produits dopants** augmentent la masse musculaire et les performances mais peuvent avoir de graves conséquences sur la santé.

DOCUMENT CLÉ

Le contrôle nerveux de l'activité cardiaque

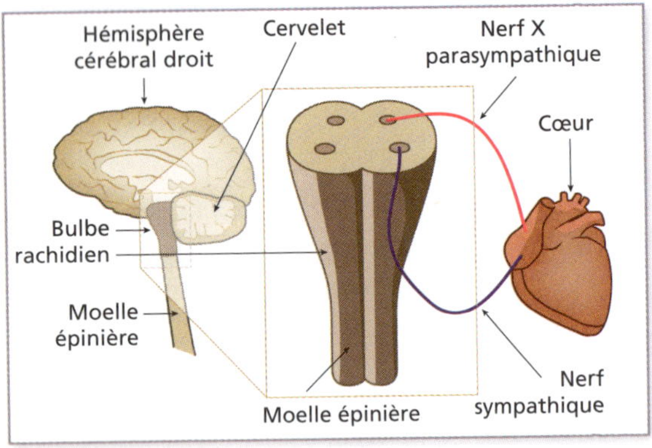

▶ Des **fibres nerveuses** issues du bulbe rachidien dans le cerveau sont reliées au cœur.

▶ Un cœur isolé **bat spontanément** à une fréquence d'environ 100 battements/min.

▶ Quand le corps est au repos, le nerf X ou **parasympathique** diminue la fréquence cardiaque à 70 battements/min (effet freinateur).

▶ Pendant l'effort, c'est le nerf **sympathique** qui augmente la fréquence cardiaque jusqu'à 200 battements/min (effet accélérateur).

▶ La fréquence cardiaque est donc contrôlée par le **système nerveux autonome**.

Activité cérébrale et sommeil

34

? QUIZ p. 75

Que sait-on de l'activité cérébrale et de son fonctionnement pendant le sommeil ?

RAPPELS DE COURS

1 Le système nerveux

Toutes les fonctions du corps (perception, mouvements) sont contrôlées par le système nerveux.

A Les nerfs

Le **système nerveux périphérique** est constitué de nerfs, qui relient les centres nerveux (cerveau et moelle épinière) aux organes sensoriels ou aux organes effecteurs (muscles et glandes).

B Le cerveau

▶ Le cerveau **intègre et analyse** toutes les informations reçues.

▶ En retour, il **régule** l'ensemble du fonctionnement des organes, les mouvements et la pensée (conscience, mémoire).

C Les messages nerveux

▶ Le cerveau est formé de milliards de cellules nerveuses appelées **neurones.**

▶ Chaque extrémité de neurone peut émettre un message nerveux sous forme de neurotransmetteur : c'est la **transmission synaptique.**

MOT CLÉ La synapse est une zone située entre deux cellules nerveuses, qui assure la transmission de l'information entre elles.

2 L'étude du fonctionnement cérébral

▶ Des **techniques d'imagerie** permettent de cartographier le cerveau (scanner, IRM) et d'étudier son activité (électroencéphalographie, tomographie).

▶ Un électroencéphalogramme plat traduit l'**arrêt du fonctionnement cérébral** (mort).

3 Les conditions d'un bon fonctionnement du système nerveux

Chez l'adulte, l'activité cérébrale est permanente et suit un rythme **veille-sommeil**.

A Les cycles du sommeil

La phase de sommeil se compose de **quatre à cinq cycles** d'une heure trente à deux heures. Chaque cycle est constitué d'une phase de sommeil lent puis d'une phase de sommeil paradoxal.

MOT CLÉ **Le sommeil est l'état cyclique et réversible d'inconscience, vital pour l'organisme.**

B Sommeil lent et sommeil paradoxal

▶ Le **sommeil lent** est indispensable au développement et à la régénération des tissus.

▶ Le **sommeil paradoxal** favorise la mise en mémoire et la gestion des émotions.

DOCUMENT CLÉ

Manque de sommeil et activité cérébrale

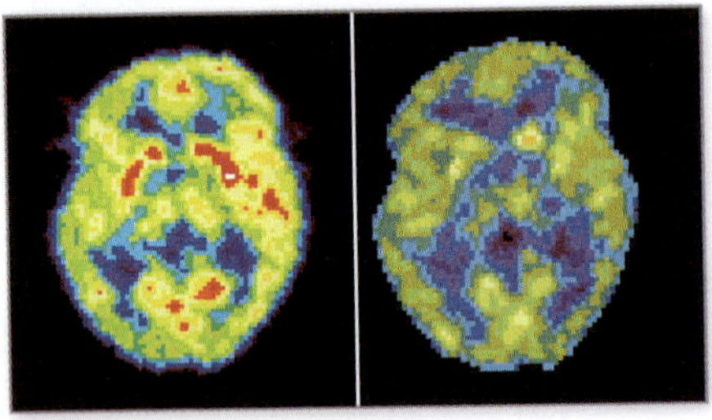

▶ Ces deux clichés de TEP (tomographie par émission de positons) montrent le cerveau après un **sommeil normal** (à gauche) ou après **privation de sommeil** (à droite). Les zones en rouge témoignent d'une forte activité cérébrale.

▶ Un temps de sommeil de moins de 9 heures a des conséquences négatives sur les **processus moteurs** : baisse de la vigilance et augmentation du temps de réaction. Ceci peut provoquer des accidents ou limiter les performances sportives. Le manque de sommeil affecte aussi les **processus intellectuels**, ce qui se traduit par l'irritabilité et les difficultés de concentration ou de mémorisation.

Les processus de la digestion

35

QUIZ p. 75

Comment la digestion permet-elle de satisfaire les besoins nutritionnels de l'organisme ?

RAPPELS DE COURS

1 Le devenir des aliments dans le tube digestif

A La digestion

Au cours de la digestion dans le tube digestif, les aliments sont transformés en petites molécules de nutriments grâce aux **enzymes** des sécrétions produites par les glandes digestives.

B L'absorption intestinale

▶ Les nutriments sont ensuite absorbés vers le milieu intérieur à travers la paroi intestinale : c'est l'**absorption intestinale**.

▶ Puis, ils sont transportés par le sang jusqu'aux cellules où ils sont utilisés (**assimilation**).

C L'excrétion

Les aliments non digérés (fibres) sont **rejetés** dans les excréments.

2 Les processus digestifs

▶ L'**action mécanique** de brassage dans la bouche et l'estomac permet un bon contact aliment-enzyme et accélère la digestion.

▶ L'**action chimique** des enzymes en présence d'eau permet l'**hydrolyse** (transformation) des grosses molécules d'aliments en petites molécules de nutriments assimilables par l'organisme :

> **MOT CLÉ** L'hydrolyse correspond à la décomposition d'une substance par l'eau *via* une activité enzymatique.

aliments → nutriments

eau + enzymes

▶ La digestion est une **simplification moléculaire**.

DOCUMENT CLÉ

À chaque enzyme sa spécialité

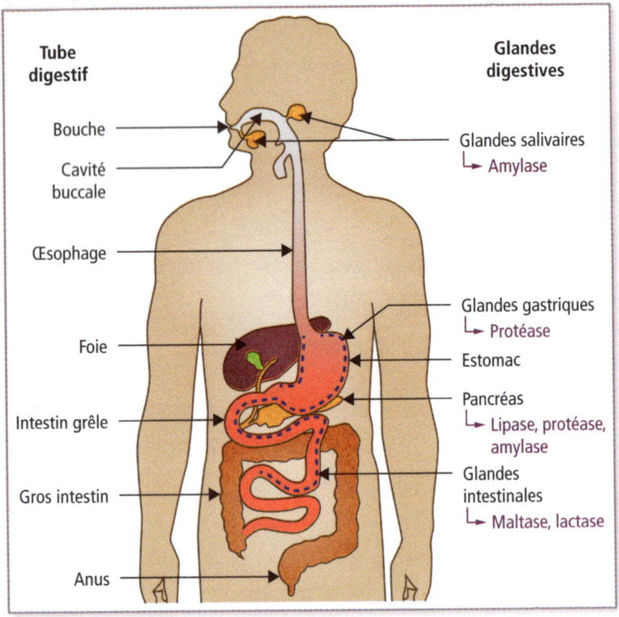

▶ Les **amylases** de la salive et de l'intestin ainsi que la **maltase** de l'intestin hydrolysent les sucres complexes comme l'amidon en maltose (formé de deux molécules de glucose), puis en glucose.

▶ Les **protéases** des sécrétions gastriques et pancréatiques hydrolysent les protéines en acides aminés.

▶ Les lipides sont réduits en gouttelettes par la bile du foie et transformés en acides gras par les **lipases** du pancréas.

Quiz express

Vérifiez que vous avez bien retenu les points clés des **fiches 33 à 35**

36

Le corps humain et la santé (1)

1 Systèmes nerveux et cardiovasculaire

	Vrai	Faux
1. La fréquence cardiaque augmente lors d'un effort.	☐	☐
2. Le volume d'O_2 maximum consommé par les muscles lors de l'effort varie selon que l'on est sportif ou non.	☐	☐

2 Le rôle du système nerveux

Complétez avec : ***bulbe rachidien – cœur – X (parasympathique) – sympathique – système nerveux autonome.***

Le .... relie le .... au .... Le nerf .... a un effet accélérateur sur la fréquence cardiaque tandis que le nerf .... a un effet freinateur.

3 Activité cérébrale et sommeil

	Vrai	Faux
1. Le cerveau et la moelle épinière sont des centres nerveux.	☐	☐
2. Le sommeil paradoxal favorise la mémorisation.	☐	☐

4 Les processus de la digestion

Complétez avec : ***absorption intestinale – aliments – assimilation – digestion – glandes digestives – enzymes – nutriments – simplification moléculaire – tube digestif.***

Dans le ...., les .... formés de molécules complexes sont transformés en .... formés de molécules simples. La .... est une .... grâce à l'action des enzymes, des sécrétions produites par les .... Ces .... sont des catalyseurs biologiques. Les petites molécules obtenues passent ensuite dans le sang au niveau de l'intestin grêle : c'est l' .... Les nutriments sont alors utilisés par les cellules : c'est l' ....

Corrigés !

Score : ... / 18

1 Systèmes nerveux et cardiovasculaire

Fiche 33

1. Vrai.

La fréquence cardiaque augmente lors d'un effort afin de répondre à l'augmentation des besoins des cellules musculaires.

2. Vrai.

Le volume d'O_2 maximum consommé par les muscles lors de l'effort est de 3 L/min environ, mais varie selon les individus.

2 Le rôle du système nerveux

Fiche 33

Le système nerveux autonome relie le bulbe rachidien au cœur. Le nerf sympathique a un effet accélérateur sur la fréquence cardiaque tandis que le nerf X (parasympathique) a un effet freinateur.

3 Activité cérébrale et sommeil

Fiche 34

1. Vrai.

Le cerveau et la moelle épinière sont reliés par les nerfs.

2. Vrai.

Le sommeil paradoxal favorise la mise en mémoire ainsi que la gestion des émotions.

4 Les processus de la digestion

Fiche 35

Dans le tube digestif, les aliments formés de molécules complexes sont transformés en nutriments formés de molécules simples. La digestion est une simplification moléculaire grâce à l'action des enzymes, des sécrétions produites par les glandes digestives. Ces enzymes sont des catalyseurs biologiques. Les petites molécules obtenues passent ensuite dans le sang au niveau de l'intestin grêle : c'est l'absorption intestinale. Les nutriments sont alors utilisés par les cellules : c'est l'assimilation.

Le monde bactérien et l'organisme 37

QUIZ p. 85

Comment fonctionne le monde microbien hébergé par notre organisme ?
Comment se protéger des micro-organismes pathogènes ?

RAPPELS DE COURS

1 L'ubiquité du monde bactérien

A Où vivent les bactéries ?

▶ Les bactéries sont présentes sur Terre **depuis – 3,5 Ga** et leur nombre est estimé à 10^{30}.

▶ Elles occupent **tous les milieux**, même les plus hostiles (volcans, lacs acides, salés ou glacés) et sont aussi les hôtes des êtres vivants.

B Qu'est-ce qu'une bactérie ?

▶ Une bactérie est constituée d'**une seule cellule** (ronde ou en bâtonnet), délimitée par une membrane et recouverte d'une paroi.

▶ C'est un **procaryote** car son cytoplasme ne contient pas de noyau mais un chromosome circulaire unique.

▶ C'est un **micro-organisme** car sa taille est de quelques dixièmes de micromètres.

2 Les bactéries pathogènes

A Différents types de bactéries

Certaines bactéries nous sont favorables, mais d'autres peuvent déclencher des maladies. Elles nous **contaminent** en pénétrant dans le corps de façon directe par contact avec la peau, ou de façon indirecte par l'air, l'eau ou les aliments.

B L'infection

Si les **bactéries pathogènes** se multiplient, c'est l'infection qui provoque des symptômes et parfois la mort si elle est généralisée dans le sang (septicémie).

MOT CLÉ Une bactérie pathogène est un micro-organisme pouvant déclencher une maladie.

C La lutte contre les bactéries pathogènes

▶ Des **mesures d'hygiène** comme le lavage des mains permettent d'éviter la contamination.

▶ Quand on procède à la destruction préventive des bactéries, par la chaleur sur les instruments chirurgicaux par exemple, on parle d'**asepsie**.

▶ Des **produits antiseptiques** sont utilisés pour détruire les bactéries sur une plaie (désinfection).

DOCUMENT CLÉ

La flore microbienne hébergée

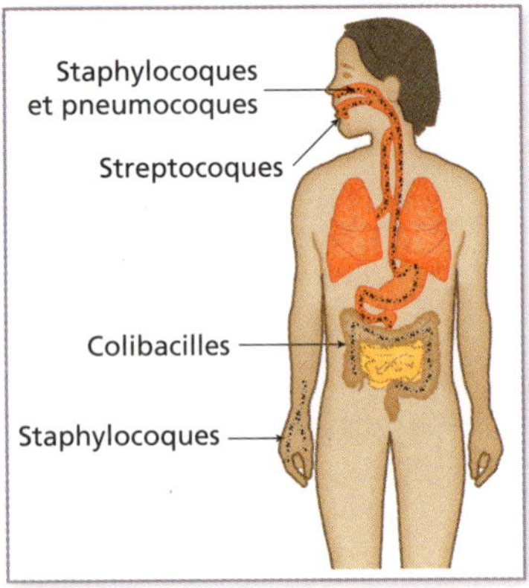

▶ Notre corps abrite de **très nombreuses bactéries** (10^9) qui sont transmises par la mère lors de la naissance et dont l'action est bénéfique.

MOT CLÉ La flore microbienne hébergée est l'ensemble des bactéries bénéfiques présentes dans le corps humain.

▶ La **flore cutanée** protège la peau de l'invasion de bactéries pathogènes comme les staphylocoques dorés.

▶ La **flore intestinale** aide à la digestion et l'assimilation des sucres et des fibres végétales. Elle protège aussi l'intestin des bactéries pathogènes.

Le système immunitaire

38

QUIZ p. 85

Comment l'organisme lutte-t-il contre les infections ?

RAPPELS DE COURS

1 Les réactions de l'organisme face à une infection

Lors d'une infection, l'entrée d'éléments étrangers à l'organisme, appelés **antigènes**, provoque l'intervention du **système immunitaire**. Ce dernier reconnaît le soi et le non-soi grâce à des marqueurs présents sur les cellules.

MOT CLÉ Le système immunitaire est composé de tissus et cellules permettant la défense de l'organisme.

A La première réaction immunitaire

▶ Une première réaction de défense fait intervenir des globules blancs, les **phagocytes**.

▶ Cette réaction **non spécifique**, appelée **phagocytose**, permet souvent de stopper l'infection. Le phagocyte reconnaît la bactérie et émet des prolongements cytoplasmiques pour l'englober. Il emprisonne ainsi la bactérie dans une vésicule, où elle est digérée. Si la phagocytose échoue, il y a formation de pus.

B La seconde réaction immunitaire

▶ Une seconde réaction de défense, plus lente, intervient alors en mettant en jeu d'autres globules blancs.

▶ Les **lymphocytes B** sécrètent des **anticorps spécifiques** pour piéger les bactéries. Le complexe antigène-anticorps ainsi formé est ensuite phagocyté.

▶ Les **lymphocytes T** détruisent les cellules infectées par des virus.

2 Santé et société

▶ La découverte des **antibiotiques** par Alexander Fleming (1881-1955) et des principes de l'immunothérapie et de la vaccination par Edward Jenner (1749-1823) et Louis Pasteur (1822-1895) a permis de réduire la mortalité infectieuse, notamment infantile.

▶ L'utilisation des antibiotiques doit être raisonnée. Ils sont inefficaces contre les virus, et il ne faut pas interrompre un traitement aux antibiotiques, car sinon il y a un risque de développement de **bactéries résistantes.**

DOCUMENT CLÉ

Le principe de la vaccination

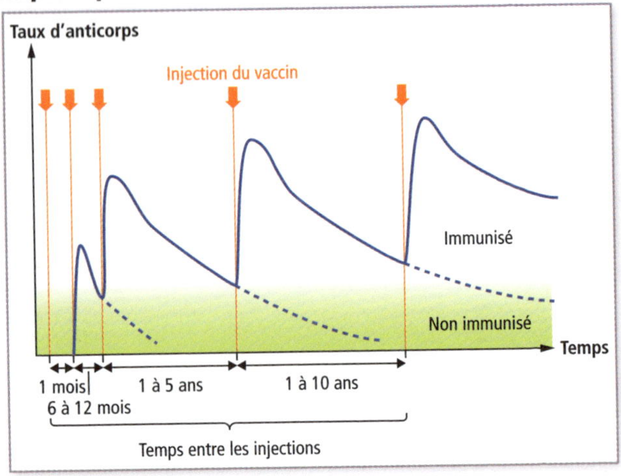

▶ Lors de la vaccination, on injecte l'antigène atténué ou un fragment de celui-ci, qui ne déclenche pas la maladie mais active la **mémoire immunitaire.** Des rappels sont nécessaires pour entretenir cette mémoire au cours de la vie.

▶ Au **premier contact** avec l'antigène, a lieu une première production lente d'anticorps.

▶ Au **deuxième contact** avec l'antigène, la production d'anticorps est plus rapide et importante. À partir d'une certaine quantité d'anticorps produits, l'individu est protégé. On dit qu'il est **immunisé.**

▶ C'est l'activation de **lymphocytes B mémoire** qui permet cette deuxième réaction.

La capacité de transmettre la vie

39

? QUIZ p. 85

Comment fonctionnent les appareils reproducteurs féminin et masculin à partir de la puberté ?

RAPPELS DE COURS

Dès la fécondation, le sexe de l'enfant à naître est déterminé par les chromosomes sexuels. À la naissance, les ovaires ou les testicules de l'enfant ne sont pas encore fonctionnels.

1 *Le déclenchement de la puberté*

À la puberté, entre 11 et 15 ans en moyenne, des changements du corps appelés **caractères sexuels primaires et secondaires** apparaissent.

A Chez le garçon

Ainsi, chez le garçon, les testicules se développent et produisent à leur tour une hormone : la **testostérone**, responsable de la masculinisation du corps (mue de la voix, pilosité, musculature).

B Chez la fille

Chez la fille, ce sont les ovaires qui se développent et produisent aussi des hormones, les **œstrogènes**, déclencheurs de la féminisation (formation des seins, pilosité, élargissement du bassin).

C Le rôle des hormones

- Les changements du corps lors de la puberté sont dus aux hormones **produites par le cerveau** et libérées dans le sang.
- Ces hormones vont **agir sur les organes cibles** en modifiant leur fonctionnement, donnant ainsi à l'adolescent la capacité de se reproduire.

> MOT CLÉ Une hormone est une substance produite par un organe, libérée dans le sang et agissant sur le fonctionnement d'autres organes appelés cibles.

2 Des organes reproducteurs fonctionnels

▶ L'apparition des **règles** chez la fille et des **éjaculations** chez le garçon sont les signes du fonctionnement des appareils reproducteurs.

▶ Les testicules produisent les **gamètes mâles** (spermatozoïdes) de façon **continue**, de la puberté à la fin de la vie.

▶ Les ovaires produisent les **gamètes femelles** (ovules) de façon **cyclique**, de la puberté à la ménopause vers 50 ans.

DOCUMENT CLÉ

Le fonctionnement cyclique de l'ovaire et de l'utérus

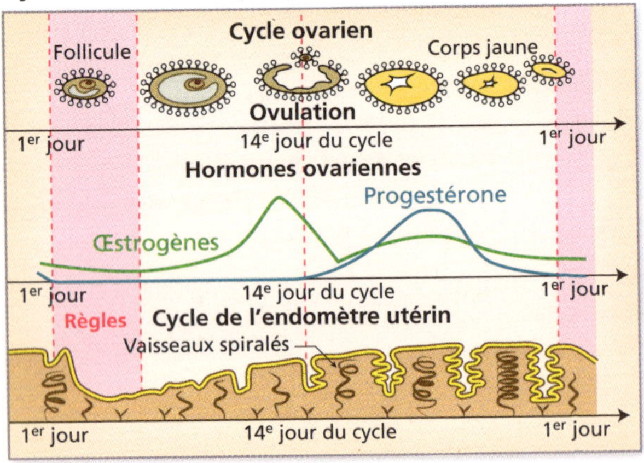

▶ À chaque cycle d'environ 28 jours, l'ovaire et l'utérus se préparent à une grossesse sous l'action des **hormones ovariennes**.

▶ Au 14e jour, un **pic d'œstrogènes** déclenche l'expulsion de l'ovule, contenu dans un follicule, de l'un des ovaires (ovulation). La muqueuse utérine devient épaisse et riche en vaisseaux sanguins pour accueillir l'embryon en cas de fécondation et de grossesse.

> MOT CLÉ
> **L'ovulation est l'émission cyclique d'un ovule par l'ovaire.**

▶ Si l'ovule n'est pas fécondé, **le taux des hormones chute** en fin de cycle et la paroi de l'utérus est éliminée en produisant des saignements : ce sont les menstruations (règles).

La sexualité humaine : spécificités et comportements responsables 40

QUIZ p. 85

En quoi la sexualité humaine se différencie-t-elle de celles d'autres espèces de mammifères ? Quelles techniques permettent aujourd'hui de maîtriser la procréation ?

RAPPELS DE COURS

1 Les spécificités de la sexualité humaine

▶ Dans notre espèce, l'acte sexuel est possible **à tout moment,** contrairement à d'autres mammifères qui ne s'accouplent qu'à certaines périodes.

▶ Toutefois, la fécondation n'est possible qu'autour de l'ovulation. En effet, la **période de fécondabilité** de la femme, d'environ 7 jours par cycle, est déterminée par la durée de vie de l'ovule (24 heures) et par celle des spermatozoïdes (4 à 6 jours).

2 Les moyens pour éviter une grossesse

Les méthodes contraceptives et contragestives permettent aujourd'hui de choisir le moment d'avoir un enfant.

A Les méthodes contraceptives

▶ Les **préservatifs** empêchent la rencontre des gamètes ou fécondation.

▶ La **pilule** et l'**implant** agissent sur le cycle féminin, et contiennent des hormones qui bloquent l'ovulation.

MOTS CLÉS La contraception empêche la fécondation tandis que la contragestion empêche l'implantation de l'embryon.

B Les méthodes contragestives

▶ Le **DIU** ou stérilet (dispositif placé dans l'utérus) et la **pilule du lendemain** (dose massive d'hormones) empêchent la nidation.

▶ En cas d'échec, l'interruption volontaire de grossesse (**IVG**) est autorisée en France jusqu'à 12 semaines de grossesse.

3 La procréation médicalement assistée (PMA)

▶ Les **couples infertiles** ne parviennent pas à concevoir un enfant. Chez la femme, cela peut être dû à des troubles de l'ovulation ou à des trompes bouchées. Chez l'homme, ce peut être des spermatozoïdes non mobiles ou en nombre insuffisant.

▶ La **Fivette** (fécondation *in vitro* et transfert d'embryon) est une technique de procréation médicalement assistée (PMA).

DOCUMENT CLÉ

Différents moyens adaptés à chaque cas pour éviter une grossesse

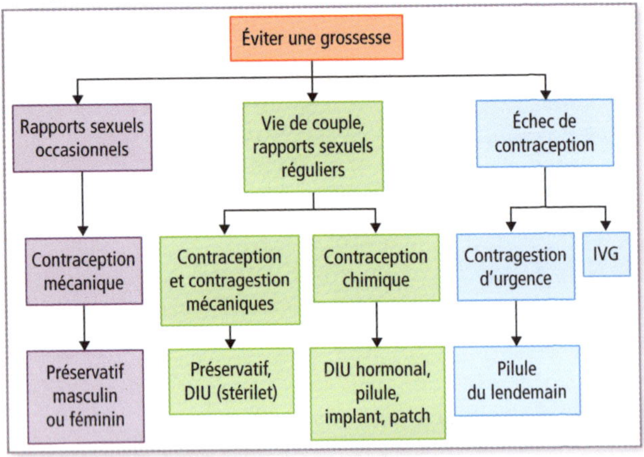

▶ Seuls les **préservatifs** protègent des infections sexuellement transmissible (IST) comme le sida. Ils sont en vente libre.

▶ La **pilule** (comprimé) est prescrite par le médecin et doit être prise sans oubli tout au long du cycle pour être efficace.

▶ La **pilule du lendemain** est efficace si elle est prise dans les 24 à 48 heures après un rapport sexuel non protégé.

Quiz express

Vérifiez que vous avez bien retenu les points clés des **fiches 37 à 40**

41

Le corps humain et la santé (2)

1 Le monde bactérien et l'organisme

	Vrai	Faux
1. Les bactéries possèdent un noyau.	☐	☐
2. La flore cutanée nous protège de l'invasion de certaines bactéries.	☐	☐
3. Des produits antiseptiques peuvent empêcher le développement des bactéries.	☐	☐

2 Le système immunitaire

1. Le système immunitaire :

☐ **a.** peut détecter le soi grâce aux marqueurs présents sur nos cellules.

☐ **b.** peut détecter les éléments étrangers, appelés anticorps.

2. Les anticorps :

☐ **a.** sont sécrétés par les lymphocytes B.

☐ **b.** sont efficaces avec tous les antigènes.

3 La capacité de transmettre la vie

Complétez avec : *testostérone – éjaculations – règles – œstrogènes – puberté.*

La .... se situe en moyenne entre 11 et 15 ans. Les .... et les .... sont les signes qu'on peut avoir un enfant. La .... est produite par les testicules à partir de la puberté et provoque la masculinisation du corps et la production de spermatozoïdes. Les .... sont produits par les ovaires à partir de la puberté et provoquent la féminisation du corps et la production d'ovule.

4 La sexualité humaine : spécificités et comportements responsables

	Vrai	Faux
1. La contragestion empêche la fécondation.	☐	☐
2. Le préservatif est le seul moyen de contraception qui protège du sida.	☐	☐
3. L'IVG est autorisée en France dans un délai de 10 semaines de grossesse.	☐	☐

Corrigés !

Score : ... / 13

1 *Le monde bactérien et l'organisme*

Fiche 37

1. Faux.
Les bactéries sont des procaryotes.

2. Vrai.
La flore cutanée protège la peau de l'invasion de bactéries comme les staphylocoques dorés.

3. Vrai.
On utilise les produits antiseptiques pour désinfecter une plaie.

2 *Le système immunitaire*

Fiche 38

1. Réponse a.
Les anticorps ne sont pas des éléments étrangers.

2. Réponse a.
Les anticorps sont spécifiques.

3 *La capacité de transmettre la vie*

Fiche 39

La puberté se situe en moyenne entre 11 et 15 ans. Les règles et les éjaculations sont les signes qu'on peut avoir un enfant. La testostérone est produite par les testicules à partir de la puberté et provoque la masculinisation du corps et la production de spermatozoïdes. Les œstrogènes sont produits par les ovaires à partir de la puberté et provoquent la féminisation du corps et la production d'ovule.

4 *La sexualité humaine : spécificités et comportements responsables*

Fiche 40

1. Faux.
La contragestion empêche la nidation de l'embryon.

2. Vrai.

3. Faux.
L'IVG est autorisée en France jusqu'à 12 semaines de grossesse.

Rédiger un cahier des charges

42

QUIZ p. 95

Avant de concevoir un objet technique, il faut s'assurer qu'un besoin existe et bien préciser ce qui est attendu par le futur utilisateur.

RAPPELS DE COURS

1 De l'analyse du besoin au cahier des charges

▶ Les objets techniques sont conçus par l'Homme pour répondre à des **besoins**. Le besoin apparaît quand l'Homme perçoit un manque ou qu'il est insatisfait. C'est le début de tout projet.

Besoin	se déplacer	communiquer
Objet technique	vélo, automobile…	papier, téléphone, smartphone…

▶ Pour répondre au besoin de l'utilisateur, les concepteurs listent toutes les fonctions que doit assurer un objet technique. Cette analyse fonctionnelle a pour but de rédiger un **cahier des charges**.

MOT CLÉ Un cahier des charges est un document contractuel décrivant de la façon la plus précise possible, les besoins auxquels le concepteur de l'objet doit répondre.

▶ La personne qui réalise le projet n'est pas forcément celle qui a rédigé le cahier des charges. Ce dernier doit donc préciser l'ensemble des **caractéristiques** du produit, en incluant le design.

2 Les fonctions de service d'un objet

▶ L'objet technique est considéré comme un ensemble de **fonctions de service**, sans distinguer ses différentes pièces.

▶ Il existe deux types de fonctions de service :
– les **fonctions principales**, correspondant au service rendu par le système pour répondre aux besoins ;
– les **fonctions contraintes**, représentant l'ensemble des obligations à satisfaire pour répondre aux besoins.

Concevoir des objets innovants et esthétiques

43

QUIZ p. 95

Dans un bureau d'études, le rôle des concepteurs est de trouver des solutions techniques pour aboutir à un produit fini, en respectant le cahier des charges.

RAPPELS DE COURS

1 La conception d'un produit

▶ Lors de la conception, pour satisfaire les différentes fonctions de service, on recherche toutes les **fonctions techniques** qui permettent de réaliser ces fonctions de service.

MOT CLÉ La veille technologique consiste à faire des recherches dans un domaine afin d'être à même de faire de meilleurs choix lors de la conception.

▶ Pour chaque fonction technique, on recherche les **solutions techniques** possibles. Le choix d'une solution technique se fait à l'aide :
– de sondages auprès des utilisateurs, notamment pour déterminer le design d'un objet (forme d'une voiture, couleur d'emballage, odeur de déodorant par exemple) ;
– de tests, pour choisir un matériau ;
– de calculs et de simulations numériques…

▶ Une fois choisies les solutions techniques, le concepteur prépare un ensemble de documents décrivant la mise en œuvre et la réalisation du produit : **plans**, modèles virtuels (notamment des modélisations 3D), schémas électriques, etc.

2 Le design d'un produit

▶ Le design ne se résume pas à l'esthétique d'un produit et n'est pas déterminé à la fin de la conception : la démarche design intervient **à toutes les étapes** d'un projet.

▶ Afin de choisir le design d'un objet, les concepteurs analysent les **sensations** que ce produit doit créer (chaleur, volume, aspect ludique…).

Réaliser le prototype d'un objet

44

QUIZ p. 95

Le produit étant défini, il peut être fabriqué. Mais, avant d'envisager une production en grand nombre, un premier exemplaire est réalisé, le prototype.

RAPPELS DE COURS

1 Le prototype

▶ Certains composants du prototype sont achetés, d'autres sont fabriqués. L'ensemble est alors assemblé et programmé.

MOT CLÉ Le prototype est un objet fabriqué afin de valider les performances, la stabilité et l'intégralité du produit. Il permet d'éviter les erreurs avant la mise en production.

▶ De nos jours, la fabrication d'un prototype est le plus souvent une **fabrication assistée par ordinateur** (FAO).

▶ La FAO permet de passer rapidement des modèles numériques 3D des concepteurs au processus de fabrication : on parle de **prototypage rapide.**

2 L'usinage

▶ L'usinage est un procédé de fabrication par **enlèvement de matière.** Les métaux, le bois et les plastiques sont usinables.

▶ Partant de la géométrie définie par le concepteur, un logiciel de FAO pilote le mouvement de l'outil.

3 L'impression 3D

▶ L'impression 3D est un procédé de fabrication par **ajout de matière.** Le plastique, le béton et les métaux sont des matériaux utilisables. Chacun de ces matériaux nécessite une imprimante 3D spécifique.

▶ L'impression du plastique se fait avec une buse chauffée pilotée par un logiciel de FAO. Le concepteur définit :
– la géométrie de la pièce ;
– sa densité de matière ;
– son orientation.

Suivre l'évolution technique des objets et comprendre leurs impacts

45

? QUIZ p. 95

Au cours de sa vie, un objet technique est en interaction avec l'environnement et les Hommes.

RAPPELS DE COURS

1 L'évolution des objets techniques

▶ L'évolution des objets a suivi les inventions et les progrès scientifiques et techniques avec pour but l'amélioration des **performances** de ces objets.

▶ L'**esthétique** des objets évolue en fonction des goûts et de la mode. Les objets s'adaptent à l'Homme, leur **ergonomie** s'améliore.

2 Les impacts des objets techniques

▶ À chaque étape de son **cycle de vie**, un objet technique a un impact sur l'environnement et la société.

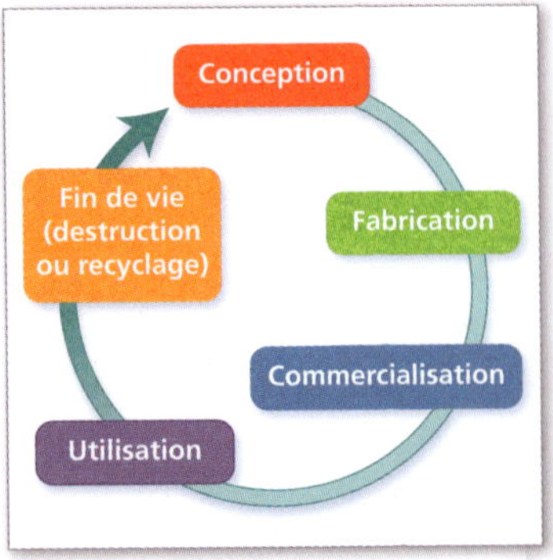

▶ Les **impacts environnementaux** sont variés : pollution visuelle, nuisance sonore, rejet dans l'atmosphère de gaz ou de chaleur, épuisement des ressources, déchets… Certaines entreprises font de l'**éco-conception** une priorité.

▶ Les **impacts sociétaux** sont également multiples. Malgré leur bon fonctionnement, des objets sont jugés « périmés » et rapidement remplacés, par effet de mode. L'utilisation à outrance de certains objets comme les objets connectés peut créer une dépendance…

Analyser le fonctionnement d'un objet

46

QUIZ p. 95

Le fonctionnement des constituants d'un objet ou d'un système peut être représenté par une chaîne d'énergie et une chaîne d'information.

RAPPELS DE COURS

1 La chaîne d'énergie

▶ Les objets et systèmes utilisent de l'énergie pour fonctionner. L'énergie circule en passant par différents composants de l'objet ou du système. Cette **circulation d'énergie** est représentée par une chaîne d'énergie.

▶ La chaîne d'énergie est l'ensemble des procédés permettant de réaliser une action. On peut découper cette chaîne en plusieurs **blocs fonctionnels** correspondant à des étapes :
- alimenter : apporter une énergie exploitable à l'objet ;
- stocker : permettre de disposer d'une réserve d'énergie ;
- distribuer : gérer la quantité d'énergie circulant ;
- convertir : transformer en une autre forme d'énergie ;
- transmettre : transporter l'énergie.

2 La chaîne d'information

▶ Un **système automatisé** est composé de plusieurs éléments qui exécutent un ensemble de tâches programmées, sans intervention de l'Homme.

▶ On schématise la **chaîne d'information** (partie du système qui capte puis traite l'information) par des fonctions. Ainsi, la fonction **acquérir**, assurée par un capteur, consiste à créer une information à partir d'un événement tandis que la fonction **traiter** gère les informations acquises afin qu'elles deviennent communicables.

EXEMPLE Chaîne d'information d'une télécommande

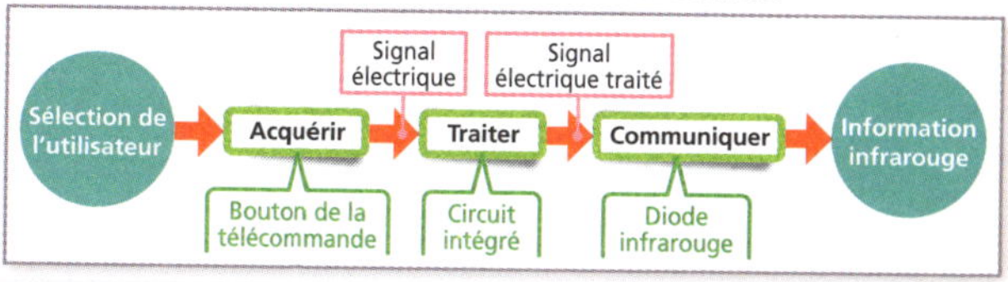

Modéliser ou simuler le fonctionnement d'un objet

47

QUIZ p. 95

Autrefois, la conception d'objets techniques passait par des essais parfois coûteux. Aujourd'hui, la modélisation et la simulation numérique permettent de reproduire virtuellement le fonctionnement d'un objet ou d'un système.

RAPPELS DE COURS

1 Modéliser et simuler

▶ La **modélisation** est une représentation virtuelle ou mentale de la réalité. Elle n'est pas destinée à reproduire exactement la réalité, mais permet l'étude de la structure d'un système ou d'un objet.

▶ La **simulation numérique** permet, par des calculs mathématiques, de prévoir le comportement d'un système lors de son utilisation avant même sa construction. Il y a toujours un écart entre la prédiction d'une simulation et le comportement réel du système.

▶ Elle permet aussi d'**amplifier** le comportement du système. Ainsi, les petites déformations, les faibles mouvements deviennent visibles.

EXEMPLE Simulation du passage d'un poids lourd sur un pont avec Bridge Designer 2016.

2 Représenter les résultats de simulation

▶ Certains résultats de simulation sont représentés **directement sur le modèle** de l'objet (les déformations par exemple).

▶ D'autres résultats ne permettent pas de visualisation directe. On les représente alors sous forme de **graphiques**.

EXEMPLE Un **chronogramme** est une représentation graphique de l'évolution temporelle d'un ou de plusieurs signaux issus d'une situation réelle ou d'une simulation. Cette représentation est constituée d'un ou plusieurs graphiques superposés. L'axe des abscisses des différents graphiques est commun et représente le temps.

Comprendre le fonctionnement en réseau informatique

48

QUIZ p. 95

Les objets techniques sont de plus en plus souvent mis en réseau afin de communiquer entre eux.

RAPPELS DE COURS

1 Les réseaux informatiques

▶ Certains réseaux, dits **locaux**, sont limités à un espace restreint (domicile, école, entreprise…).

▶ Ils peuvent être reliés au réseau mondial **Internet** par le biais d'un modem (appelé box de nos jours).

MOT CLÉ Un réseau informatique est un ensemble d'équipements (ordinateurs, téléphones, objets connectés) reliés entre eux et capables d'échanger des informations.

2 La circulation des informations

▶ Les informations circulent via trois technologies :
– le **fil de cuivre** (information sous forme de signal électrique) ;
– la **fibre optique** (lumière dans un fil) ;
– les **ondes électromagnétiques** (WiFi, Bluetooth, 4G, infra-rouge…).

▶ Chaque technologie a ses limites, en termes de **portée** et de **débit**. Ainsi, le débit maximum du fil de cuivre est d'environ 100 Mo/s contre 1 Go/s pour la fibre optique.

3 Les protocoles de communication

▶ Lors d'un accès à Internet, l'ordinatéur est connecté par un **modem** qui traduit les informations. Ces dernières circulent alors dans les mailles du réseau local puis du réseau mondial.

▶ Chaque objet d'un réseau a une adresse IP (*Internet protocol*) unique. Quand ils communiquent entre eux, les objets doivent respecter un ensemble de règles de communication, appelé **protocole**.

EXEMPLE Le protocole TCP/IP est l'ensemble des règles de communication sur Internet nécessaire pour acheminer des paquets de données, composés de « mots » binaires, suites de 0 et de 1.

Écrire et exécuter un programme 49

? QUIZ p. 95

Les objets informatisés sont programmés pour interagir de manière autonome dans leur environnement.

RAPPELS DE COURS

1 *Les objets informatisés*

▶ Les objets informatisés sont équipés de **capteurs** permettant d'obtenir des informations sur leur environnement.

▶ Des programmes informatiques, exécutables par un **microprocesseur**, assurent le traitement de ces informations.

> MOT CLÉ **Le microprocesseur est le « cerveau » de l'ordinateur. Il exécute des programmes.**

▶ L'objet agit sur son environnement grâce à des **actionneurs**.

2 *Les programmes informatiques*

▶ Un **programme** est une suite ordonnée d'opérations, destinées à être exécutées par un ordinateur afin de résoudre un problème donné.

▶ La programmation, réalisée à l'aide de logiciels et dans des **langages** spécifiques (Scratch par exemple), peut prendre différentes formes : textuelle, logigramme, blocs…

EXEMPLE S'il y a un mur devant lui, le robot tourne à gauche, sinon il continue d'avancer.

En logigramme

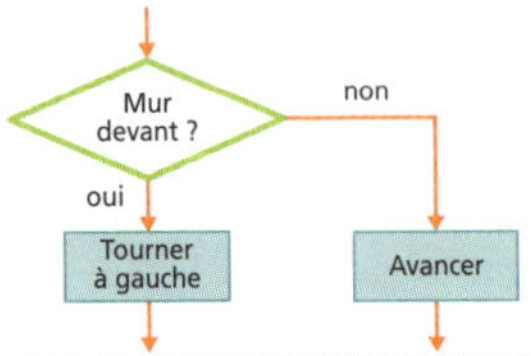

En blocs

▶ Un programme **décompose** un problème complexe en une suite d'opérations plus simples. Quel que soit le langage employé, les instructions exécutent ces opérations simples, en suivant l'ordre déterminé par un **algorithme**.

? Quiz express

Vérifiez que vous avez bien retenu les points clés des fiches 42 à 49

50

Technologie

1 Le design, l'innovation et la créativité

Classez les étapes d'un projet de la première à la dernière.

conception – fabrication d'un prototype – analyse du besoin – rédaction du cahier des charges

2 Concevoir des objets innovants et esthétiques

Comment choisir une solution technique lors de la conception d'un objet technique ?

☐ a. au hasard ☐ b. par calculs ☐ c. par sondage
☐ d. à l'aide de tests ☐ e. uniquement pour son prix

3 L'évolution des objets techniques

Les objets techniques évoluent pour :

☐ a. être à la mode
☐ b. offrir de meilleures performances
☐ c. être plus faciles d'utilisation

4 L'analyse du fonctionnement d'un objet

Associez la chaîne appropriée à chaque fonction.

1. traiter	•		
2. convertir	•		
3. stocker	•	•	a. chaîne d'énergie
4. acquérir	•	•	b. chaîne d'information
5. transmettre	•		
6. alimenter	•		

5 Écrire et exécuter un programme

Un programme peut comprendre :

☐ a. des variables ☐ b. des boucles
☐ c. des molécules ☐ d. des réseaux
☐ e. des instructions conditionnelles
☐ f. des tresses

Corrigés !

Score : ... / 19

1 Le design, l'innovation et la créativité

Fiches 42 à 44

analyse du besoin – rédaction du cahier des charges – conception – fabrication d'un prototype

2 Concevoir des objets innovants et esthétiques

Fiche 43

Réponses b, c et d. Le choix d'une solution technique se fait à l'aide :
– de sondages auprès des utilisateurs, notamment pour déterminer le design ;
– de tests, pour choisir un matériau ;
– de calculs et de simulations numériques...

3 L'évolution des objets techniques

Fiche 45

Réponses a, b et c. L'évolution des objets a suivi les inventions et les progrès scientifiques et techniques avec pour but d'améliorer les performances de ces objets. L'esthétique des objets évolue en fonction des goûts et de la mode. Leur ergonomie s'améliore.

4 L'analyse du fonctionnement d'un objet

Fiche 46

1 et **4. Réponse b.**
2, **3**, **5** et **6. Réponse a.**

5 Écrire et exécuter un programme

Fiche 49

Réponses a, b et e. Une variable associe un contenu à un nom. Ce contenu ou cette valeur peut être une chaîne de caractères (un mot), un nombre (entier, décimal...) ou quelque type de donnée que ce soit.
Les boucles servent à répéter plusieurs fois les mêmes instructions.
Les instructions conditionnelles servent à faire des choix.

PAPIER À BASE DE FIBRES CERTIFIÉES
Hatier s'engage pour l'environnement en réduisant l'empreinte carbone de ses livres. Celle de cet exemplaire est de : 350 g éq. CO_2
Rendez-vous sur www.hatier-durable.fr

Achevé d'imprimer en France par Loire Offset
N° d'imprimeur : 201706.1401 - Dépôt légal n°02907-1/02 - Juillet 2[illegible]

La reproduction sexuée chez les vertébrés

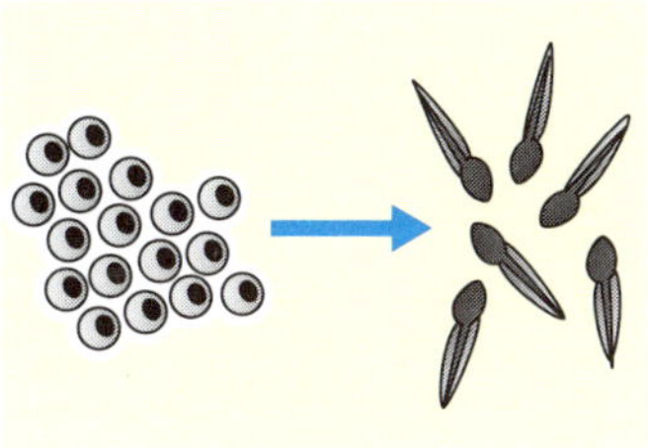

REPRODUCTION

Milieu aquatique
- Fécondation externe (en général)
- Cellules œufs très nombreuses

Aucune protection de l'embryon

Nouvel ind

Actions positives
- Abondance des ressources alimentaires
- Activités de l'Homme (protection des espèces…)

Pérennité de l
Maintien de la bi

WWF

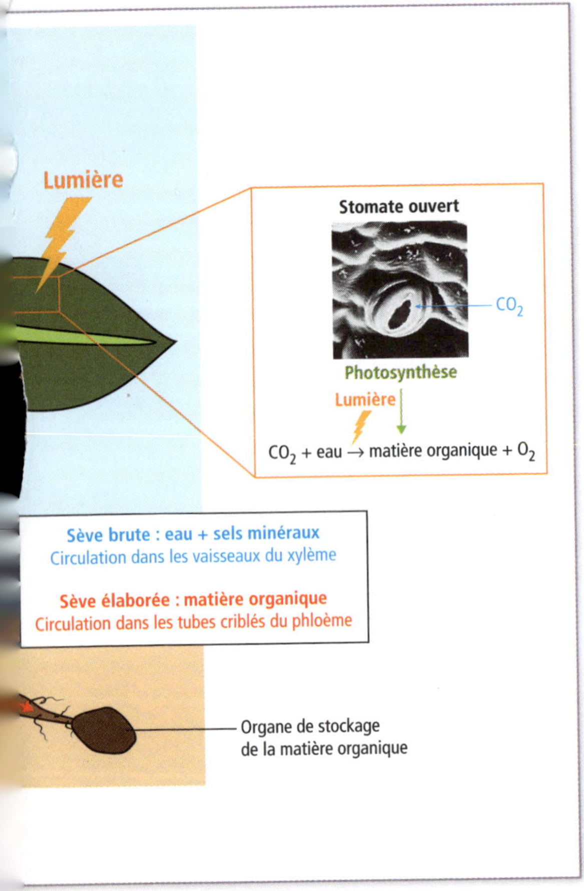
Lumière
Stomate ouvert
CO_2
Photosynthèse
Lumière
CO_2 + eau → matière organique + O_2
Sève brute : eau + sels minéraux
Circulation dans les vaisseaux du xylème
Sève élaborée : matière organique
Circulation dans les tubes criblés du phloème
Organe de stockage
de la matière organique

Nutrition des végétaux chlorophylliens

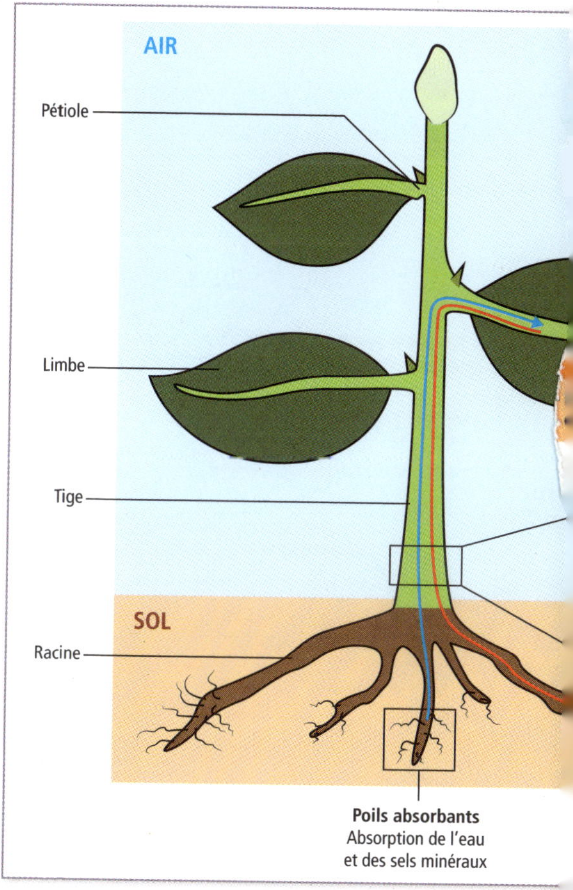

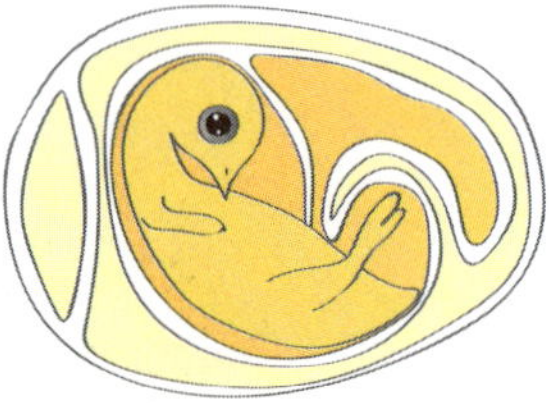

SEXUÉE

Milieu terrestre

écondation interne
ellules œufs peu nombreuses

Ovipares
Protection par :
– coquille
– liquide amniotique

Vivipares
Protection par :
– mère
– liquide amniotique

idu

spèce
diversité

Actions négatives
– Manque de ressources alimentaires
– Activités de l'Homme (pollution, chasse…)

Parenté et évolution des êtres vivants

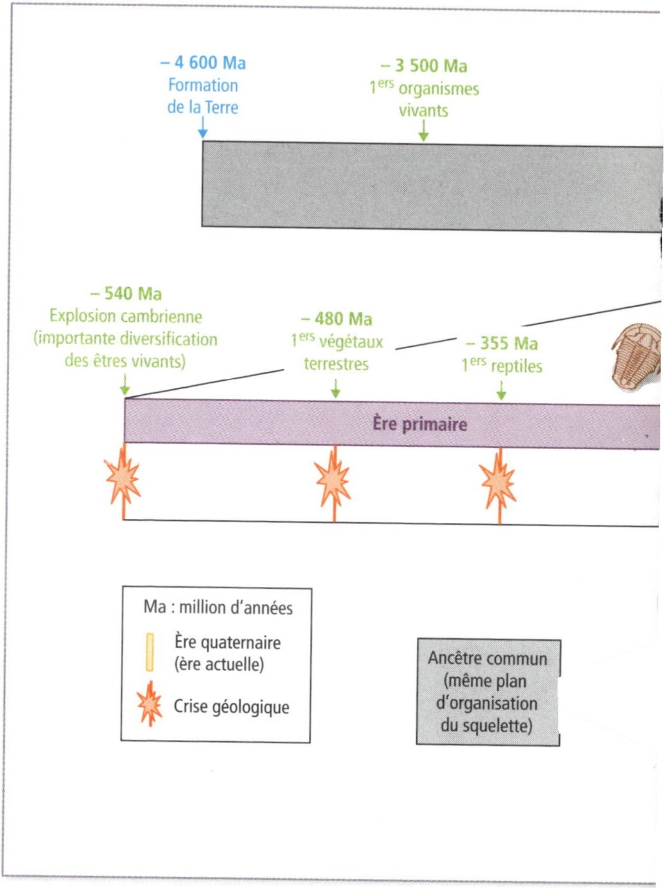

Réserves Naturelles DE FRANCE

Effets positifs sur les êtres vivants

+

- Quotas de pêche
- Consommation durable
- Conservatoires de la biodiversité

tèmes

+

Effets positifs sur les milieux

- Agriculture raisonnée
- Dépollution des sites dégradés

Activités humaines et écosystèmes

Effets négatifs sur les êtres vivants

- Chasse et pêche excessives
- Déforestation, arrachage des haies

–

Écos

–

Effets négatifs sur les milieux

- Pollution de l'air, de l'eau, des sols
- Érosion des sols

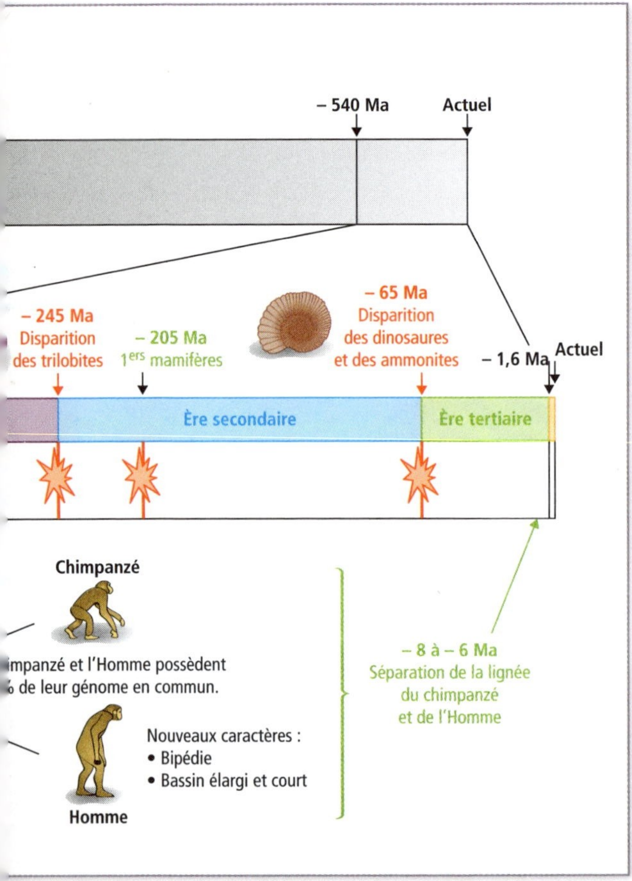
– 540 Ma
Actuel
– 245 Ma
Disparition
des trilobites
– 205 Ma
1ers mamifères
– 65 Ma
Disparition
des dinosaures
et des ammonites
– 1,6 Ma
Actuel
Ère secondaire
Ère tertiaire
Chimpanzé
impanzé et l'Homme possèdent
% de leur génome en commun.
Nouveaux caractères :
• Bipédie
• Bassin élargi et court
Homme
– 8 à – 6 Ma
Séparation de la lignée
du chimpanzé
et de l'Homme

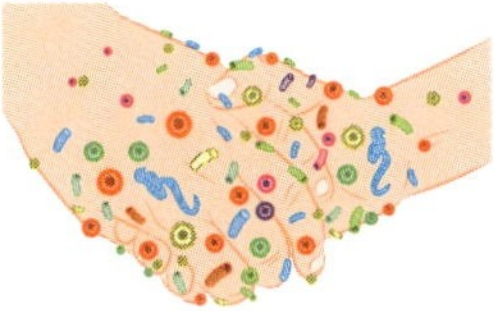

Attaques de l'organisme par des bactéries et des virus pathogènes (antigènes)
- Contamination
- Infection

Réponses de l'organis

Microbiome
(monde bactérien hébergé, non p
Protection contre les infections

Réactions immunitaires
- Phagocytose
- Production d'anticorps par les l
- Destruction des cellules infecté par les lymphocytes T

Mémoire immunitaire
Lymphocytes B mémoire

ques, et action humaine

une modification
par l'Homme
ation des gaz à effets
anthropiques
ation
pérature moyenne
ation du niveau marin
glaces
nts climatiques extrêmes
breux (tornades)

Mesures d'adaptation pour gérer les risques météorologiques
- Prévention (surélévation des habitations en zone côtière)
- Protection des populations plus ou moins vulnérables (digues, abris)

Mesures d'atténuation pour gérer le changement climatique
- Baisse des émissions de CO_2 (passage progressif aux énergies renouvelables)
- Captation du CO_2 émis
- Objectif : augmentation de la température limitée à 2 °C

Météorologie
- Étude des vents, des températures et des précipitations sur une période courte
- Prévisions des aléas météorologiques

Constat
du clima
- Augmen
de serr
- Augmen
de la te
- Augmen
- Fonte d
- Événem
plus no

Climatologie
- Étude des paramètres atmosphériques sur une période longue (plus de 30 ans)
- Simulation des climats passés et futurs

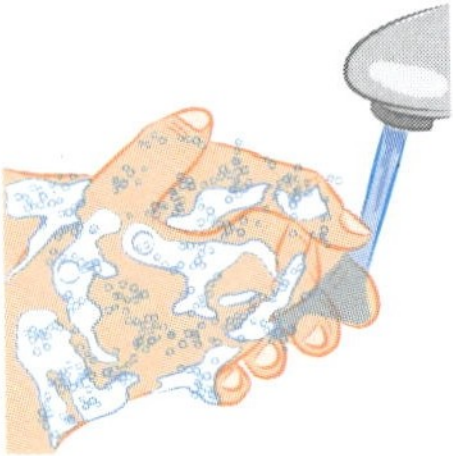

e

thogène)

mphocytes B

Aide à la lutte

Comportements individuels
- Hygiène (lavage des mains)
- Antiseptiques pour désinfecter
- Antibiotiques contre les bactéries
- Usage de préservatifs contre les infections sexuellement transmissibles (IST)

Comportements collectifs
- Information sur les risques
- Campagnes de vaccination

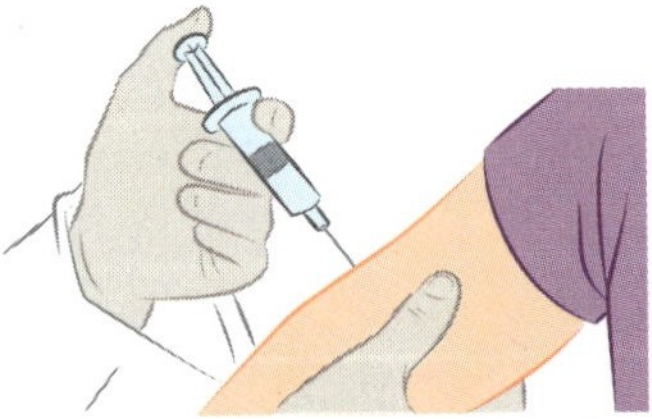